中国劳动密集型
产业转型升级研究

Study on the transformation and
upgrading of labor-intensive industries in China

邱依婷 著

中国社会科学出版社

图书在版编目(CIP)数据

中国劳动密集型产业转型升级研究／邱依婷著.—北京：中国社会科学出版社，2019.12
ISBN 978-7-5203-5845-3

Ⅰ.①中… Ⅱ.①邱… Ⅲ.①劳动密集型产业—产业结构升级—研究—中国 Ⅳ.①F269.24

中国版本图书馆 CIP 数据核字(2019)第 294457 号

出 版 人	赵剑英
责任编辑	王　衡
责任校对	朱妍洁
责任印制	王　超

出　　版	中国社会科学出版社
社　　址	北京鼓楼西大街甲 158 号
邮　　编	100720
网　　址	http://www.csspw.cn
发 行 部	010-84083685
门 市 部	010-84029450
经　　销	新华书店及其他书店

印　　刷	北京明恒达印务有限公司
装　　订	廊坊市广阳区广增装订厂
版　　次	2019 年 12 月第 1 版
印　　次	2019 年 12 月第 1 次印刷

开　　本	710×1000　1/16
印　　张	13.5
插　　页	2
字　　数	201 千字
定　　价	66.00 元

凡购买中国社会科学出版社图书，如有质量问题请与本社营销中心联系调换
电话：010-84083683
版权所有　侵权必究

前 言

　　我国属于发展中国家，人口密度比较大，工业在发展过程中，劳动密集型产业所占比重比较大。我国企业在发展中技术水平比较低，很多企业在生产经营过程中，主要是依靠劳动力。对各大企业而言，劳动力是除了设备、资金、土地等另一大投入要素，在企业经营发展过程中占据着重要的地位。对发展国家而言，居民的收入大部分主要是来自于劳动力要素。我国是劳动力比较丰富的发展中国家之一，廉价的劳动力使得我国的劳动密集型产业快速发展起来，丰富的劳动力资源使得我国快速地成为了第一制造大国。最近几年，随着我国经济的快速发展，我国东部沿海地区的用工荒问题逐渐凸显出来，尤其是2010年的富士康跳楼事件以及广东南海本田零配件工厂发生的罢工事件等，更加显现出来各大企业劳动力成本上升以及相关产业结构的变化趋势。我国目前劳动密集型产业的劳动成本优势逐渐被削弱，日益增长的劳动力成本导致我国劳动密集型产业不能够依靠廉价劳动力得以实现，快速增长的劳动力成本导致劳动密集型产业不能够获得更多的经济效益。从目前的发展情况来看，我国人口依旧比较多，需要大量的工作岗位满足我国的人口就业需求，劳动密集型产业能够解决我国人口就业问题，尤其是技术水平比较低的企业需要更多的劳动力。对我国而言，要想获得经济的快速发展，追赶上发达国家的水平，那么必须对劳动密集型产业进行转型发展，引进先进的技术和设备，注重各大企业的品牌建设营销，降低企业的生产成本，更好地提高企业的经济效益。

自20世纪80年代以来，我国的经济得到了快速的发展，已经成为工业制造大国，其主要的优势便是由于廉价的劳动力。相对于发达国家而言，我国企业的技术以及资本规模还严重不足，我国制造业企业的品牌效应较差，主要依靠廉价劳动力提高企业经营效益。对我国劳动密集型产业发展而言，对外贸交易的依赖度比较高，然而当美国次贷危机发生之后，对我国劳动密集型产业发展给予一定的威胁，我国的劳动力供给逐渐短缺，为了避免我国进入"中等收入陷阱"，对劳动密集型产业进行升级已经势在必行。劳动密集型产业在第一、第二和第三产业中均存在，本书研究的劳动密集型产业主要是指第二产业中的纺织业等。在对我国劳动密集型产业分析过程中，主要是以珠三角服装业为例。我国珠三角地区占据一定的地理优势，纺织业等行业集聚现象比较明显，对服装行业发展提供一定的原材料，然而我国服装行业却并没有利用好这一优势，服装产业在发展过程中，主要是以向其他国家出口服装生产原料为主，赚取薄弱的效益。但是国外发达国家通过加工设计，以高额价格出售品牌服装，赚取暴利。针对这一现象，转型升级劳动密集型产业已经势在必行。

本书采用了案例研究法、对比分析法、文献研究法等方法，对劳动密集型产业转型发展进行探究。研究内容包括以下几个方面。第一章是绪论部分，主要是对本书的研究背景、意义、国内外相关研究现状、研究方法等基本知识进行介绍分析，指出劳动密集型产业转型发展的迫切需求。第二章是概念及理论基础部分。首先对劳动密集型产业的概念以及发展特点进行阐述分析，进而明确指出本书研究的理论基础。其中包括企业竞争优势理论、产业价值链理论、企业转型升级理论、企业生命周期理论。第三章对中国劳动密集型产业发展的现状与问题进行调查分析。从劳动密集型产业的发展速度、结构、效益几个角度分析其发展现状。指出劳动密集型产业发展中存在的问题，其中包括融资难阻碍了劳动密集型产业的发展，国家优惠政策的产业转移削弱了劳动密集型产业的优势，技术低端化导致产品附加值低廉、劳动密集型产业和劳动力供求结构不平衡等。第四章主要是指出中国劳动密集型产业存在问题的原因。主要从五个角度进行分析，即对国家、企业、劳动者个人因素、技术因素以及外资投资几个方面进行详细的分析。第五章是案例分析部分。主要是以珠三角服饰业茵曼集团为例，指出茵曼服饰企业发展过程中存在的机会、阻碍、优势及劣势，找出该企业发展过程中存在的问题，探讨该企业转型中的成功之处。第六章是对中国劳动密集型产业转型升级与经济增长的实证研究。第七章主要是分析发达国家劳动密集型产业转型升级经验借鉴。以韩国、美国、新加坡、意大利等为主要的分析对象，找出成功之处，指出对我国的借鉴作用。第八章提出中国劳动密集型产业转型升级的对策建议。首先，明确中国劳动密集型产业转型升级的方向；其次，明确中国劳动密集型产业转型升级的路径。以此更好地促进中国劳动密集型企业的转型发展。第九章是结论和展望。对论文的主要内容进行阐述分析，对未来的发展方向进行展望。

本书指出我国劳动密集型产业在发展过程中，主要需要注重以下四个方面。

第一，劳动密集型产业转型要注重技术创新。我国目前劳动密集型产业在发展过程中主要是依靠人工，然而人工在操作过程中存在着一定的问题，受到外界影响比较大，生产产品一致性比较差，人工操作手法、熟练度不同，都会直接影响产品质量。劳动密集型产业在发展过程中，缺少技术创新，直接影响了产品的价值和知名度。传统的产品已经不能够满足市场需求，对劳动密集型产业而言，需要借鉴韩国、日本的做法，引进先进技术，不断进行创新，研制出新型的产品类型，将高科技应用到产品生产过程中，保证产品质量和精准性，以此提高产品的价值。

第二，劳动密集型产业转型要注重品牌塑造。品牌效应对提升产品价值和知名度有着重要的关系，就如我国服装行业而言，我国主要是将服装原材料出口到其他国家，然而欧美、韩国等国家，通过设计出品牌服装，便能够进行高价格销售。我国纺织业等收益比较低，然而通过设计高品牌服装，便能够立刻提升产品的价值，可见品牌建设对产业转型升级的重要性。我国劳动密集型产业通常品牌效应并不是很好，主要是通过人工生产原材料进行出口，而忽略了我国自主品牌的塑造。建议我国劳动密集型产业在发展过程中要注重品牌的塑造，不仅仅只是强调数量的加工以及出口，必须要注重品牌构建。首先，要对产品质量进行控制，保证生产出高质量产品，以高品质得到消费者的认可，让消费者满意；其次，要注重产品的唯一性创造，加强设计创新，保证所生产产品的独特性，与其他产品有着明显的不同，进而申请商标、创建品牌；最后，要加强品牌的宣传与营销，与国际知名明星进行合作，加强对产品品牌的宣传，走国际化路线，让其获得国内外消费者的认可。

第三，劳动密集型产业转型要注重产业规划。我国劳动密集型产业集聚现象比较明显，相同产业集中在统一区域，建议我国劳动密集型产业在转型过程中，要科学地进行规划，让所有劳动密集型产业共同进行转型发展，注重高科技的应用和创新。我国政府应该根据劳动密集型产业发展的实际情况，完善相关帮扶政策，在政府带动指引下，帮助劳动密集型产业进行转型发展。劳动密集型产业在转型过程中，还需要了解目前进出口政策，针对当下政策规定，及时调整发展方案，以此保证劳动密集型产业转型能够满足市场需求。

第四，劳动密集型产业转型要注重互联网应用。如今是互联网时代，各行各业发展比较快速，互联网信息技术快速地融入到各行各业，带动了各行各业的发展。"互联网+"模式已经成为了我国市场经济发展的主旋律，电商风靡全球，互联网金融是未来市场发展趋势。对劳动密集型产业而言，在转型发展过程中，必须要注重互联网信息技术的应用。对互联网商业模式进行调查分析，O2O、"互联网+"、B2B等模式都已经成功地与传统企业进行融合，带动了各大企业的经济效益。建议劳动密集型产业在发展过程中，要注重网络平台的构建，与互联网平台进行合作，扩展自身的市场营销渠道，进而更好地带动企业发展。

目　　录

第一章　绪论 ……………………………………………（1）
　第一节　研究的背景、目的与意义 ……………………（1）
　第二节　国内外相关研究现状评述 ……………………（3）
　第三节　研究的方法、思路与主要内容 ………………（14）
　第四节　创新点与不足 …………………………………（17）

第二章　相关概念及理论基础 …………………………（18）
　第一节　相关概念 ………………………………………（18）
　第二节　理论概述 ………………………………………（25）
　第三节　理论基础 ………………………………………（33）

第三章　中国劳动密集型产业发展的现状与问题 ……（42）
　第一节　劳动密集型产业发展的现状 …………………（42）
　第二节　劳动密集型产业发展存在的问题 ……………（47）

第四章　中国劳动密集型产业存在问题的原因 ………（51）
　第一节　从国家的角度分析中国劳动密集型产业存在
　　　　　的问题 …………………………………………（51）
　第二节　从企业的角度分析中国劳动密集型产业存在的
　　　　　问题 ……………………………………………（64）

第三节　从外资企业的角度分析中国劳动密集型产业存在
　　　　 的问题 ……………………………………………………（67）
第四节　从劳动者个人因素分析中国劳动密集型产业存在
　　　　 的问题 ……………………………………………………（69）
第五节　从技术层面分析中国劳动密集型产业存在的问题 ……（72）

**第五章　中国劳动密集型产业转型升级成功案例：以珠三角
　　　　 服饰业茵曼集团为例** ………………………………（78）
第一节　茵曼服饰企业的概况 ……………………………………（78）
第二节　茵曼服饰企业 SWOT 分析 ……………………………（83）
第三节　茵曼服饰企业转型升级成功的举措与启示 …………（88）

**第六章　中国劳动密集型产业转型升级与经济增长的实证
　　　　 研究** ……………………………………………………（105）
第一节　样本描述与研究模型设定 ……………………………（105）
第二节　计量分析与检验 ………………………………………（110）
第三节　分析与讨论 ……………………………………………（118）
第四节　研究结论 ………………………………………………（127）

第七章　发达国家劳动密集型产业转型升级经验借鉴 ………（129）
第一节　韩国劳动密集型产业转型升级的经验 ………………（129）
第二节　新加坡劳动密集型产业转型升级的经验 ……………（137）
第三节　日本劳动密集型产业转型升级的经验 ………………（144）
第四节　美国劳动密集型产业转型升级的经验 ………………（152）
第五节　意大利劳动密集型产业转型升级的经验 ……………（155）

第八章　中国劳动密集型产业转型升级的对策建议 …………（160）
第一节　中国劳动密集型产业转型升级的方向 ………………（160）
第二节　中国劳动密集型产业转型升级的路径 ………………（166）

第九章　结论与展望 …………………………………………（190）
　　第一节　研究结论 …………………………………………（190）
　　第二节　研究展望 …………………………………………（191）

参考文献 ……………………………………………………（192）

第一章 绪论

第一节 研究的背景、目的与意义

一 研究的背景

我国是人口大国，拥有人口数量13亿之多，是劳动力最为丰富的国家之一。目前我国人口数量占世界的22%，劳动力占世界的26.5%，大量的劳动力资源使得我国劳动密集型企业快速地增长起来。尤其是改革开放以来，我国凭借着较低的劳动力成本优势，东部沿海地区的劳动密集型产业迅速发展起来。最近几年，随着经济的快速发展，东部沿海地区的用工荒问题逐渐凸显出来，尤其是2010年的富士康跳楼事件以及广东南海本田零配件工厂发生的罢工事件等，更加显现出各大企业劳动力成本上升以及相关产业结构的变化趋势。目前，我国将15—59岁的人口作为主要的劳动力输出人口，在2010年时劳动力人口达到巅峰，占总人口数量的70.3%，随后15—59岁之间的人口数量逐年下降。截至2015年，这部分人口占总人口数量的66.3%[①]，劳动力人口数量呈现负增长的现象，劳动力严重不足。尤其是最近几年人工成本逐渐上升，导致我国劳动密集型企业受到了影响，对其进行转型升级发展势在必行。

[①] 郭晓庆:《中国人力资本投资对产业结构升级的影响研究》，博士学位论文，辽宁大学，2015年。

我国目前劳动密集型产业的劳动成本优势逐渐被削弱，日益增长的劳动力成本导致我国劳动密集型产业不能够依靠廉价劳动力得以实现，快速增长的劳动力成本导致劳动密集型产业不能够获得更多的经济效益。从目前的发展情况来看，我国人口依旧比较多，需要大量的工作岗位满足我国的人口就业需求，劳动密集型产业能够解决我国人口就业问题，尤其是技术水平比较低的企业需要更多的劳动力。对我国而言，要想获得经济的快速发展，追赶上发达国家的水平，那么必须对劳动密集型产业进行转型发展，引进先进的技术和设备，注重各大企业的品牌建设营销，降低企业的生产成本，更好地提高企业的经济效益。

二　研究的目的

本书以珠三角为例，对中国劳动密集型产业转型进行探究分析。目前，随着劳动力成本的提高，用工荒现象大量产生，对劳动密集型产业产生了一个冲击。面对这一系列的挑战，劳动密集型产业进行转型势在必行。本书研究的主要目的是找出目前劳动密集型产业发展过程中存在的主要问题，对其产生的原因进行探究，进而根据存在的原因制定相应的转型战略，以此为更好地促进劳动密集型产业的发展提供借鉴。

三　研究的意义

发展劳动密集型产业是我国国情的客观要求，在目前来看，我国的工业化发展还不够成熟，劳动密集型产业对我国经济的贡献和潜能尚未完全释放出来，大力发展劳动密集型产业的工业化阶段还要持续较长的时间。本书主要是针对这一系列的问题，对劳动密集型产业转型升级进行研究，具有重要的现实意义。

首先，在写作过程中主要是采用了产业转型升级理论以及市场竞争理论等，将其与实践相结合，理论指导实践，实践中应用理论，二者之间相辅相成，提出有针对性的建议。

第一章 绪论

其次，有利于更好地促进劳动密集型产业的发展。目前，随着人工成本的增加，劳动力的短缺，给劳动密集型产业的发展带来了一定的威胁，对于劳动密集型产业而言，转型发展势在必行。本书对此进行系统的分析，提出劳动密集型产业的发展对策，有利于对于劳动密集型产业的转型发展提供一定的借鉴作用。

第二节 国内外相关研究现状评述

一 国内相关研究现状综述

从国内研究的相关文献来看，对于劳动密集型产业发展的研究目前主要集中在劳动密集型产业概念及特征、企业转型发展必要性、技术创新、产业竞争力、产业空间分布及地区转移政策、优化途径等方面。

1. 劳动密集型产业的概念及特征研究

我国学者对劳动密集型产业的概念及特征进行研究。张丹对劳动密集型产业发展进行研究分析，他认为目前劳动密集型产业存在于三大产业之中，例如第一产业的农业，第二产业的制造业、纺织业、服装业等，第三产业的批发零售业、服务产业等，均属于劳动密集型产业[1]。罗芳、李红江以西部地区劳动密集型产业发展为主要的研究对象，指出劳动密集型产业发展过程中存在的特征，认为劳动密集型产业通常技术装备程度比较低，主要是以劳动力要素为主，其中包括服装行业、食品行业、农业、制造业等[2]。张平从价值链角度进行分析，探究劳动密集型产业发展的特征，认为目前我国劳动密集型产业在发展过程中主要的特征包括以下几个方面：第一，劳动密集型产业的资金技术所占比重比较小；第二，劳动密集型产业分布比较广；第三，劳动密集型产业具有一定的时效性[3]。综上所述，可以看

---

[1] 张丹：《转型劳动密集型产业——以纺织品为例》，《中国经贸》2013年第24期。
[2] 罗芳、李红江：《我国劳动密集型产业升级的路径依赖与路径选择》，《当代经济管理》2013年第6期。
[3] 张平：《全球价值链分工与中国制造业成长》，博士学位论文，辽宁大学，2013年。

出劳动密集型产业主要是指企业在生产过程中对于技术和设备的依赖性比较低，主要是依靠劳动力来完成生产工作。劳动密集型企业相对而言对技术要求不高，但是对劳动力的需求却是十分高，需要大批量人力完成生产任务。

2. 劳动密集型产业转型发展的必要性研究

随着市场经济的深入发展，劳动密集型产业在发展过程中面临着一系列的挑战，如人工成本增加、订单量不稳定等，面对这一系列问题，劳动密集型产业该何去何从。我国许多学者对劳动密集型产业转型发展的必要性进行了研究，如佘时飞将产业升级与产业结构升级区分开，认为发达国家的第二产业在进行产业结构升级时分为两阶段，第一阶段是劳动密集型产业自身的提升和升级，第二阶段是劳动密集型产业向资本密集型和技术密集型转型升级，当劳动密集型产业失去之前的劳动力成本较低的比较优势的时候，并不应该放弃这一产业，而是在其内部进行升级，即流程升级、产品升级和功能升级①。王攀的研究指出目前我国出口形势不容乐观，尤其是劳动密集型产业如纺织服装、玩具、鞋帽等行业面临订单量减少、订单波动加剧、短单小单比例持续上升的困难局面；与此同时，以珠三角地区为代表的我国东部沿海地区制造业面临的招工难、"用工荒"局面也没有得到改善，"订单荒"遭遇"用工荒"，看似矛盾的经济现象同时出现，向市场发出了强烈的警示信号②。他指出在严峻的市场环境下传统劳动密集型产业升级转型十分必要。李子君、王芳指出我国出现"用工荒"现象，人口老龄化导致人工缺少，再加上人工成本的提高，导致劳动密集型产业出现"用工荒"现象，面临"用工荒"的问题，劳动密集型产业进行转型势在必行③。赵晓娜、苏兆泰认为目前劳动力成本增

---

① 佘时飞：《珠江三角洲产业结构升级策略研究——基于中山市产业结构调整的调研》，《企业活力》2010年第5期。

② 王攀：《劳动密集型企业：转型还是转移？》，《乡镇企业导报》2012年第2期。

③ 李子君、丁开艳、王芳：《用工荒倒逼劳动密集型产业转型升级》，《北京商报》2011年2月16日。

加、劳动生产率不高、劳工工资上涨是当前劳动密集型产业面临的主要挑战,在该市场发展方向下,劳动密集型产业进行转型迫在眉睫①。张佩指出我国劳动密集型制造业长期依赖于境外市场,而随着劳动力成本的不断上涨,劳动密集型制造业的升级是必然趋势②。李传志、张兵指出随着"刘易斯拐点"出现和"人口红利"日渐消退,中国劳动力总量开始逐年减少,而经济回暖导致对劳动力的需求却不断增加,使得劳动力供需不平衡状况加剧,珠三角各市频频出现"用工荒"现象。他们认为对于以劳动密集型产业为主、需要大量劳动力的珠三角而言"用工荒"直接影响着珠三角经济稳定和转型升级,应引起政府和企业的高度关注③。黄德胜指出劳动密集型产业是稳就业、保增长的重要基础,同时也是实体经济发展的重要基础,劳动密集型产业的污染相对来讲比较小,发展劳动密集型产业十分必要④。政府、企业与社会必须科学认识劳动密集型产业,坚持"以人文本、科学发展"的原则来推进劳动密集型产业的转型升级。

随着市场经济的发展,人工成本增加,劳动力短缺显现越来越严重,劳动密集型产业转型势在必行。

3. 劳动密集型产业转型技术创新研究

劳动密集型产业转型发展过程中,加强技术创新十分关键。我国学者对技术创新的发展进行研究,如魏丽华分析了我国劳动密集型制造业的比较优势面临的严峻挑战,并且指出劳动密集型产业的发展出路在于将比较优势转化为竞争优势。与劳动密集型产业相比,资本密集型产业对劳动力的技能和素质要求更高,并且产品的附加值较高,朝着这一方向发展,劳动密集型产业的竞争优势才会提高⑤。姚平、

---

① 赵晓娜、史晓露、苏兆泰:《劳动密集型产业转型升级紧迫度提高》,《南方日报》2012年8月29日。
② 张佩:《劳动力成本上涨与我国劳动密集型制造业转型发展研究》,硕士学位论文,兰州交通大学,2016年。
③ 李传志、张兵:《珠三角"用工荒"的思考》,《经济问题》2015年第8期。
④ 黄德胜:《"科学发展"促进劳动密集型产业转型升级》,《哈尔滨师范大学》(社会科学学报)2014年第1期。
⑤ 魏丽华:《以危机为契机,积极推动珠三角制造业产业升级的分析》,《广州城市职业学院学报》2009年第2期。

姜曰木指出通过技术创新能够更好地发展主导产业和拓展替代产业，带动相关产业链的迅速发展，扩大城市产业规模，使产业结构高级化，为资源型城市产业转型提供技术保障①。王军利以河北地区为例，对劳动密集型产业发展进行探究，指出技术创新是产业转型发展的关键所在。在技术创新过程中，主要从以下五个方面分析：第一，转变政府职能，建立技术创新支撑体系；第二，明确企业技术创新的主体地位；第三，高度重视对创新人才的培养；第四，提升技术引进后的消化吸收和二次开发的能力；第五，积极鼓励和扶持中小型企业技术创新②。邵俊指出技术创新能力是产业升级的强大引擎，只有技术创新能力不断提升才能够让企业转型成功。他认为要想更好地提高劳动密集型产业的技术创新，需要做到四个方面，即充分发挥资源型城市政府在技术创新中的组织作用；转变资源型企业观念；创新用人机制，制定更加优惠的人才政策；推动产学研结合，着力构建技术创新平台③。赵文善指出技术创新通过供给和需求两个方面，能够有效地促进资源型城市产业结构优化升级，因此，需要完善技术创新体系、提高城市创新能力，完善资金保障体系、促进技术成果产业化，明确政府定位，优化政策安排，最终探索出一条推动资源型城市产业合理转型的道路④。宋洋、王志刚以珠三角地区劳动密集型产业为例，对其发展进行探究分析，指出珠三角的制造业出现产能过剩、劳动力成本上升，加之世界经济前景的不确定性，导致工业产品出口增速放缓等问题，迫切需要珠江三角的制造业转型升级与产业结构调整⑤。他们

---

① 姚平、姜曰木：《技术创新、制度创新与资源型城市产业转型——基于生命周期的视角》，《科学管理研究》2012年第6期。
② 王军利：《技术创新机制推动河北省产业转型升级》，《经济研究导刊》2014年第12期。
③ 邵俊：《传统劳动密集型产业转型升级路径初探——以江苏扬州玩具产业为例》，《消费导刊》2014年第2期。
④ 赵文善：《技术创新推动资源型城市产业转型的路径及政策研究》，《改革与战略》2015年第10期。
⑤ 宋洋、王志刚：《珠三角制造业转型升级与技术创新路径研究——以新常态下2010—2015数据分析》，《科学管理研究》2016年第5期。

指出劳动密集型产业在升级过程中需要注重技术创新，其主要从以下四个方面进行分析：第一，提升制造业人力资本价值；第二，快速完成工业4.0，以科技创新促进产业结构升级；第三，构建主导产业、新兴产业和特色产业的新型产业体系；第四，加速制造业多元资本整合。

4. 劳动密集型产业空间分布研究

在劳动密集型产业空间分布方面，基于不同视角我国学者也给出了不同的观点。黄良波等通过对10个劳动密集型产业2003—2007年的数据分析，认为我国劳动密集型产业大都集聚在东部发达地区，但其布局发生很大的转移扩散，产业在各发达地区之间重新分配，并呈现向次发达地区转移扩散的趋势①。徐骏、王波对我国服装业、纺织业及皮革制造业的地理格局及变化进行分析，认为这三个产业在沿海城市布局比较集中，并出现向中西部地区扩散的趋势②。以上研究没有经过数理模型的论证，大多从数据或经验进行判断，缺乏说服力，因此张丹通过构建区位投资选择模型对我国劳动密集型产业的分布数据进行实证研究，运用增长极理论得出结论，建议我国政府采取措施以避免新的地区经济不平衡问题，如加快东部发达地区产业结构转型和技术水平升级，促进中部地区抓住有利时机发展劳动密集型产业，对西部必须加大政策扶持力度，减少经济差距，并在此过程中充分发挥增长极作用③。

5. 劳动密集型产业转移政策研究

我国许多学者对地区转移政策进行了研究。赵玲玲、高超平对劳动密集型产业转移的现象进行探究，指出部分东南沿海地区的劳动密集型企业向中西部地区的转移能否成功是产业结构调整的关键，劳动

---

① 黄良波、郭勇等：《金融支持中国与东盟新成员国劳动密集型产业分工与合作研究——以纺织服装业为例》，《金融理论与实践》2009年第8期。
② 徐骏、王波：《珠江三角洲地区制造业集聚程度的实证研究》，《中国市场》2011年第19期。
③ 张丹：《转型劳动密集型产业——以纺织品为例》，《中国经贸》2013年第24期。

密集型制造企业的产业转移既有利于东南沿海地区的产业升级，同时给中西部地区提供了新的发展机遇①。王靖利用1980—2007年的数据，对基尼系数、省区区位商等进行测算，其具体研究了劳动密集型产业的集中程度和地理分布情况，最后作者指出，改革开放以来，劳动密集型产业集中程度在不断增大，沿海地区的区位优势使得沿海地区较内地集中程度更大，并且随着东部劳动力成本的上升，劳动密集型产业有着从东部向中部转移的趋势②。傅允生以浙江劳动密集型制造产业为主要的研究对象，指出劳动密集型制造业转移势在必行，认为政府部门应该完善相关的转移政策，以此促进浙江劳动密集型产业的发展。他建议政府部门主要从以下几个方面入手：第一，制定地方劳动密集型制造业转移发展规划与工作方案，保证产业有序转移；第二，建立政府间联系渠道与协调机制，发挥地方政府在产业转移中的桥梁作用；第三，设立地方产业转移基金，推动劳动密集型制造业转移发展；第四，加强企业用地整治，优化土地资源配置，促进劳动密集型制造业转移发展；第五，加强节能减排指标约束，优化产业结构，加快劳动密集型制造业转移③。马佳丽、李雪琦对浙江省产业结构与就业状况的分析，结合发展经济学相关重要理论进行具有针对性的研究，以期对产业转型问题提出对策与建议。他们指出浙江省劳动密集型产业在转型过程中，需要做到以下三个方面的工作：第一，企业的自主创新与技术引进是突破"民工荒"问题的关键；第二，政府的政策引导与财政支持是企业转型的巨大推动力；第三，教育改革与推进是企业技术创新的前提④。胡美玲、王健指出中国劳动密集型产业转型升级迫在眉睫。他们从城市化角度分析了我国劳动密集型产业升级的路径。首先分析了城市化促进劳动密集型产业升级的动力机

---

① 赵玲玲、高超平：《珠三角产业转移机理研究》，《特区经济》2010年第11期。
② 王靖：《企业在珠三角产业转移中的作用研究》，《市场经济与价格》2010年第7期。
③ 傅允生：《浙江劳动密集型制造业转移态势与政策取向》，《浙江学刊》2011年第6期。
④ 马佳丽、李雪琦：《基于发展经济学看我国劳动密集型产业转型——从浙江劳动密集型企业困境谈起》，《现代物业》2011年第8期。

制，然后从资源的优化配置、高端生产要素的聚集、劳动生产率的提高以及人力资本价值的增值四个视角探讨了城市化对劳动密集型产业升级的作用机理，最后从城市市场规模扩大、城市空间扩张、空间城市结构调整以及城市体系系统四个角度分析了促进劳动密集型产业升级的途径①。

6. 劳动密集型产业转型优化途径研究

劳动密集型产业转型升级是目前市场发展的需求所在，我国学者对劳动密集型产业转型途径进行研究，如罗芳、李红江认为我国劳动密集型产业升级应选择产业内升级优先分岔的路径，即先进行从工艺升级到产品升级再到功能升级的产业内升级，在产业内升级达到一个较高的水平、资本和技术等要素积累较丰富后，再转移至附加值更高的资本密集型和技术密集型产业，从而实现产业间升级②。莫介标指出劳动密集型产业转型中实现路径应该从三个方面入手分析，首先，选择适合的创新形式培育壮大新兴产品及业务；其次，创新链与传统产业链有效融合；最后，集聚创新要素推进传统产业集群向战略性新兴产业集群转变③。王娟通过分析我国传统产业发展过程中存在的问题，并以江苏常州传统产业发展经验为例，基于我国创新驱动传统产业转型升级提出建议，认为企业应坚持技术自主创新为核心、注重全方位统筹推进创新、重视项目申报对科技创新的带动规范作用、注重对各类创新人才的培养和引进，促进我国传统产业成功地完成转型升级④。朱云飞指出受经济下行压力及化解过剩产能、防治大气污染等政策影响，河北省的钢铁、石化、食品、纺织等传统产业运行出现较大困难，迫切需要以创新驱动战略推动产业转型升级，并充分遵循市

---

① 胡美玲、王健：《劳动密集型产业升级的城市化路径研究》，《石家庄经济学院学报》2016年第3期。

② 罗芳、李红江：《我国劳动密集型产业升级的路径依赖与路径选择》，《当代经济管理》2013年第6期。

③ 莫介标：《传统产业升级转型的实现路径分析》，《企业改革与管理》2016年第12期。

④ 王娟：《创新驱动传统产业转型升级路径研究》，《技术经济与管理研究》2016年第4期。

场对配置资源的决定性力量,有效运用京津资源和社会资本两方面力量①。

二 国外相关研究现状综述

从1920年之后国外发达的资本主义国家开始了有关传统行业升级情况的分析。在当时的社会发展情况来看,西方资本主义国家也面临着产业结构的转型升级,由劳动密集型产业向知识与技术密集型产业进行过渡。虽然产业的转型升级是发展的必然结果,尤其是知识等产业迅速成为经济快速发展的最主要动力,可是从现实角度出发,传统行业依然在支持保障着经济的发展,一个国家经济的发展离不开传统行业,更要有高技术产业的支持。因此,在保证一个国家经济健康平稳的发展大前提下,一些专家与学者提出把有关的传统行业进行更新升级、转变生产结构的论点,这也就为高新技术产业在传统行业的应用开辟了道路,加速在传统行业中应用现代科学技术,在这之后,又有专家发表了发展新兴与战略等产业等论点。

1. 传统产业转型升级

在相关的理论分析层面,一部分西方经济学专家把相关的传统行业的转换升级的分析研究放在了有关高新技术怎么样才能向传统行业进行渗透。之后英美等西方发达国家对传统行业的更新升级进行了一系列积极探索分析与实践。因为一些客观情况的出现,例如资源与市场等原因的影响,一些发达国家的主要传统行业,例如钢铁等行业纷纷衰减倒退,这些国家为了避免这些传统行业的消失,积极采取必要措施,加速这些行业的更新换代,从中寻找全新的发展角度,例如一些国家推出了相关政策来改变传统行业的产业结构,还有就是投入大量资金并且使用现代技术来对传统行业进行相关的改变。在这当中,一部分欧洲资本主义强国开始使用全新的高技术和信息技术来改造传

---

① 朱云飞:《河北省传统产业转型升级的路径选择与战略对策》,《价值工程》2016年第22期。

统行业，例如英国对传统与新兴行业是协调发展，二者缺一不可；对待传统与新兴行业，美国则是让这两个行业一同进步，中国的近邻日本推出一系列政策来推动传统行业的改变。

2. 传统产业与高新技术产业共同发展

当前，在传统产业这一点上，发展中国家的发展水平与发达国家之间还存在一定的差距，发达国家在高新技术产业等方面占据的市场份额比重高，在技术先进等方面也存在明显的优势。虽然高新技术产业正在飞速发展中，不过其创造的经济价值并没有我们想象的那么高。正因为如此，国外并没有将传统产业和高新技术产业全面、协调、可持续发展放在比较高的战略研究位置上。研究的过程中，主要是将精力放在了对于这二者协调、全面发展的经验总结与反思上。迈克尔·波特（Michael E. Porter）曾经指出，为了发展高新技术产业，必须将传统产业放在核心位置上，为了更好地发展区域经济，传统产业和高新技术产业之间密不可分，这二者相辅相成才能推动经济更好的发展，这一观点打破了以往学者对于这二者不能协调发展的认知①。列克星敦（Lexington）就解决国家经济发展的就业问题进行了一系列的解析，要重视传统产业，因为其意义要远远超过高新技术产业和新兴产业，我们不应该一味地追求新兴产业，从而将传统产业所发挥的重要作用，和它的战略意义给忽略了②。达拉斯（Dallas）通过对中国传统产业和高新技术产业的发展问题进行了深刻的研究，就北京地区的高新技术产业发展，更是提出来，中国政府应该给予传统产业最基础地位，进一步才是将高新技术作为发展的导向，以促进经济的协调发展。

3. 发展新兴产业和战略产业

自1950年以来，全球经济不断发展，已经到达了一个新的高度，

---

① Michael E. Porter, "The Competitive Advantage of Nations", *Harvard Business Review*, 1990, p. 12.

② Lexington, "Technology Management and Competitiveness: Is the any Relationship", *The Third International Conference on Management of Innovation and Technology*, (9), 2002.

不少国外的研究学者也开始对新兴产业的发展进行研究，其中最主要的当属两大典型的理论。一个是由麻省理工学院索洛（Robert Merton Solow）教授提出的"TFP全要素"理论模型，提出的时间是20世纪50年代，他认为经济的增长比率减去资本和劳动的贡献率就是技术进步所带来的经济增长的贡献结果，也就是"TFP全要素贡献率"。另一个是在20世纪80年代中期提出的新经济增长理论。该理论中经济学家打破了以往对经济增长原因的理论，主要强调了对经济增长起主要作用的，大致就是经济体系的内部力量。换句话来说，改变它的不是外来的其他力量，而是内部的技术变化。

早在20世纪30年代西方国家就已经对战略管理进行深入的研究，刚开始对这一项目有深入研究的就是美国的经济学家巴纳德（Chester Irving Barnard），他曾经在《经理人员的职能》这本书里，提到了战略管理这样一个概念，进而历史上才会有战略管理这一理论，为20个世纪60年代，对战略管理理论的研究和发展奠定了基础。钱德勒（Alfred D. Chandler）也在他撰写的《战略与结构》①、安索夫（Igor Ansoff）也在他的《企业战略论》② 中，就企业战略管理的基本原理和理论框架做了深入的研究，并且还奠定了战略管理研究的基础。20世纪70年代是一个重要的时期，这时候战略管理理论研究已经进入了探索期，我们从安索夫发表的《从战略计划走向战略管理》③ 中就可以发现，在不同的领域和不同的层面，战略管理就会有不同的方案，其就这些层面进行了细致与大胆的研究。到了20世纪80年代，战略管理的研究有了更进一步的延伸和发展，紧接着又有了一系列与战略管理研究理论有关的观点受到了极大的重视。这样通过不断的研究、发展和进步，并且将企业文化因素、人为因素以及非理

---

① Alfred D. Chandler, *Strategy and Structure*: *Chapters in the History of American Industrial Enterprises*, Cambridge, hlass.: MIT Press, 1962.

② Igor Ansoff, *Corporate Strategy*: *Business Policy for Growth and Expansion*, McGraw-Hill, 1965.

③ Igor Ansoff R. P. Declerck, R. L. Hayes, "From Strategic Planning to Strategic Management", *International Conference*, 1976.

第一章 绪论

性因素的研究作为战略管理的研究重点对象。在20世纪90年代将资源、知识、能力等创新性的理论和观点作为战略管理的研究重点，而新世纪的开端，国外更是以企业创新和创造作为重中之重。

西里尔·利维奇（Cyril Levicki）就曾经在《战略第一、执行第二》中，针对卓越管理的重要性进行了广泛的研究，并将战略与执行这二者的内在联系和逻辑关系进行了充分的剖析与研究，这样一来，整个研究体系也更加完整。克里斯·祖克（Chris Zook）在《从核心扩张》中，就在企业扩张战略这一方面进行了更为深入且透彻的研究，明确地指出了如果想要发展企业扩张的话，那么就应该紧紧围绕着核心业务来下手，在市场领导地位业务的能力逐渐提升起来之后，具备可复制的这一特质也不能摒弃，毕竟只有拥有主要客户才能够做好企业战略管理[1]。小约翰·L.科利（John Wilson, JMnior）在《公司战略》中深入阐述了公司各层面的战略决策，并在这一基础之上将实现公司发展战略的基本原理以及实施方法全部都陈述了一遍。罗斯托（Rostow）则是针对全新的电子商业模式进行了深入的研究，并由此走向了医药这一行业，医药企业的影响逐渐呈现出稳步上升的状态，并由此形成了一项专用战略。彭维刚（Mike W. Peng）针对"在国际商业领域是什么驱动了企业的战略和绩效"这一问题进行深入且广泛的研究，其所提到的问题包括了"进入壁垒的反倾销""在印度内外的竞争"等，每一次都是充分结合了国际商业战略才进行调整。马萨基·科塔比（Masaaki Kotabe）针对大企业当中的家族和制度等因素进行相关研究，并提出专项技术管理战略[2]。

三 国内外相关研究现状评论

综上所述，国外学者的研究着重于为传统产业与高新技术产业协调发展、传统产业转型升级路径、高新技术改造传统产业模式、新兴

---

[1] Chris Zook, "Growth Outside the Core", *Harvard Business Review*, 2006.
[2] Masaaki Kotabe, K. Scott Swan, "The Role of Strategic Alliances in High-technology New Product Development", *Strategic Management Journal*, (1), 2007.

产业和战略性新兴产业的形成发展等方面。国外学者对企业发展过程中所应用的战略理论结合实践进行分析，指出结合企业战略理论，结合企业的实际情况，有助于更好地促进企业的发展。国外学者对企业战略发展理论进行了研究，每个国家每个地区的发展背景均不相同，但对我国劳动密集型产业转型发展而言，需要借鉴国外的战略理论，我们可以结合当地的实际情况，明确发展战略。

我国学者对劳动密集型产业的转型发展研究比较多，其中部分学者对劳动密集型产业的概念以及特征进行探究，指出了劳动密集型产业在发展过程中要注重技术的创新，在相关政策的带动下进行转型升级，并且指出了劳动密集型产业转型发展的路径。劳动密集型产业在发展过程中面临着一系列的威胁，劳动力越来越短缺，人工成本费用逐渐增高，传统的低技能的产业在发展中不占据优势，生产效率比较低，效益比较小。对劳动密集型产业而言，进行转型发展势在必行，应逐渐地认识技术对产业发展的重要性，对企业生产模式进行改革创新，以此促进劳动密集型企业的发展。本书借鉴国内外学者的研究成果，结合珠三角服饰业茵曼集团的实际发展情况，对珠三角劳动密集型产业的转型发展进行探究。

第三节 研究的方法、思路与主要内容

一 研究的方法

在对劳动密集型产业转型研究过程中，主要采用了以下几种研究方法。

第一，文献研究法。在中国知网上下载了大量的中文参考文献以及外文参考文献，其中包括劳动密集型产业转型、企业发展战略管理等相关参考文献，通过对参考文献的阅读、分析、整理，对目前国内外劳动密集型产业转型的相关理念有所掌握与了解，为本书提供了理论基础。

第二，案例研究法。以珠三角劳动密集型企业——茵曼服饰企业为例，设计案例分析框架，首先对其发展现状进行介绍分析，其次，

第一章 绪论

利用SWOT研究工具，指出茵曼服饰企业发展过程中存在的机会、危机、优势以及劣势，找出该企业发展过程中存在的问题，探讨该企业转型中的成功之处，为本书提供案例基础。

第三，对比分析法。将国内外劳动密集型企业转型发展模式进行对比分析，以韩国、美国、新加坡、意大利等发达国家为主要的分析对象，将其发展情况与中国的发展情况进行对比分析，找出发达国家劳动密集型企业转型中存在的优势，指出对我国劳动密集型企业发展的借鉴作用。

第四，归纳总结法。通过对中国劳动密集型企业转型发展现状进行调查分析，归纳总结出其中存在的主要问题，并且对问题产生的原因进行总结，根据问题及原因制定解决措施，以此更好地促进劳动密集型企业转型发展。

二 研究的思路

本书按照"发现问题—分析问题—解决问题"的思路进行，通过对中国劳动密集型企业转型进行调查，找出其中存在的问题，并且对问题产生的原因进行分析，最后根据存在的问题与原因制定解决措施。具体如图1-1所示。

三 研究的主要内容

第一章是绪论部分，主要是对本书的研究背景、意义、国内外相关研究现状、研究方法等基本知识进行介绍分析。

第二章是概念及理论基础部分。首先对劳动密集型产业的概念以及发展特点进行阐述分析，进而明确指出本书的理论基础，包括企业竞争优势理论、产业价值链理论、企业转型升级理论、企业生命周期理论等。

第三章对中国劳动密集型产业发展的现状与问题进行调查分析。从劳动密集型产业的发展速度、结构、效益几个角度分析其发展现状。指出劳动密集型产业发展中存在的问题，包括融资难阻碍了劳动密集型产业的发展，国家优惠政策的产业转移削弱了劳动密集型产业

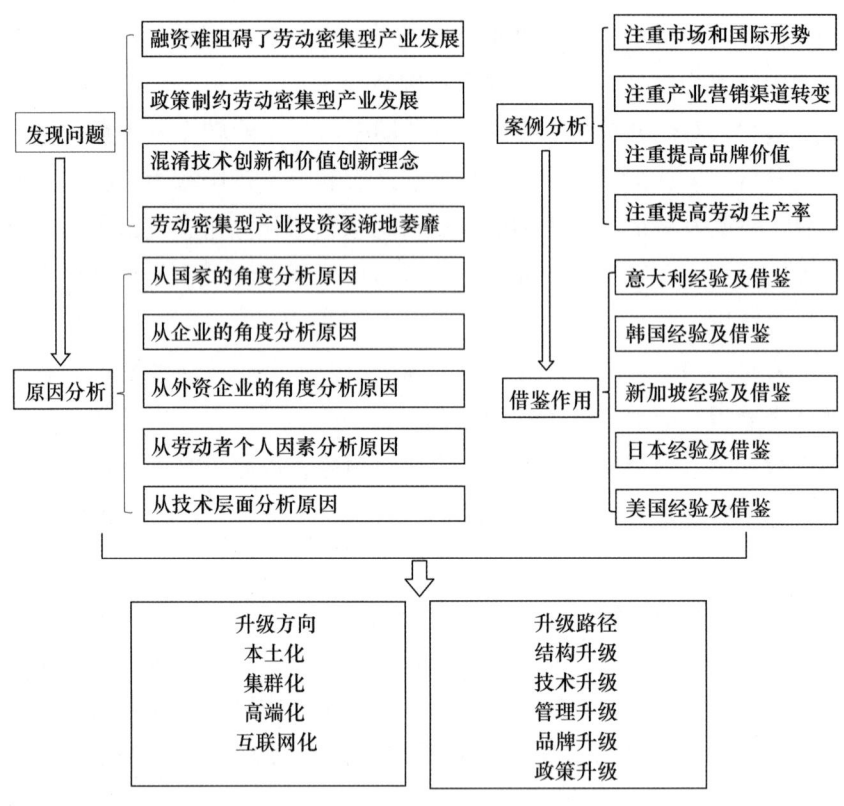

图 1-1 技术路线

的优势，技术低端化导致产品附加值低廉，劳动密集型产业和劳动力供求结构不平衡。

第四章指出中国劳动密集型产业存在问题的原因。主要从五个角度进行分析，即对国家、企业、劳动者个人因素、技术因素以及外资投资进行详细的分析。

第五章是案例分析部分。以珠三角服饰业茵曼集团为例，指出茵曼服饰企业发展过程中存在的机会、困难、优势以及劣势，找出该企业发展过程中存在的问题，探讨该企业转型中的成功之处。

第六章是对中国劳动密集型产业转型升级与经济增长的实证

研究。

第七章主要是分析发达国家劳动密集型产业转型升级经验借鉴。以韩国、美国、新加坡、意大利等为主要的分析对象，找出成功之处，指出对我国的借鉴作用。

第八章提出中国劳动密集型产业转型升级的对策建议。首先，明确中国劳动密集型产业转型升级的方向；其次，明确中国劳动密集型产业转型升级的路径。以此更好地促进中国劳动密集型企业的转型发展。

第九章结论与展望。对本书的主要内容进行阐述分析，对未来的发展方向进行展望。

第四节　创新点与不足

一　创新点

本书最大的创新之处主要有三个方面：第一，我国劳动密集型产业在发展过程中，由于"用工荒"现象的发生，对其产生了严重的威胁，本书通过研究指出，改变劳动密集型产业的生产技术可以有效地解决"用工荒"的问题；第二，我国劳动密集型产业在发展过程中存在薄弱环节，如技术水平低、品牌意识差等严重影响了劳动密集型产业的效益，本书通过研究指出，劳动密集型产业在升级过程中，要注重结构升级、技术升级、管理升级、品牌升级、政策升级，以此促进劳动密集型产业发展；第三，通过对劳动密集型产业发展情况的调研，指出我国劳动密集型产业的发展方向，即要从产业本土化、集群化、高端化、互联网化四个方向进行升级发展。

二　存在的不足

本研究存在一定不足之处，主要体现在以下两个方面：第一，部分最新数据缺失，未能够对劳动密集型产业发展的类型、利润、区域分布进行系统的整理分析；第二，对茵曼服装企业的内部数据收集不全，主要对茵曼服装企业发展情况进行了定性分析，定量分析不够。

第二章 相关概念及理论基础

第一节 相关概念

一 产业概念

产业是指"生产同类产品及其可替代品的企业群在同一市场上的相互关系的集合"[①]。一般情况下,在发展市场经济的进程中,把资金和劳动力集中起来,进行生产并获得经济效益的各类行业,这种行业分类被称为产业。在经济学领域,一般会把其划分成三到五个类别。当世界经过了工业革命以后,制造业所带来的经济效益占全世界经济效益的30%以上。处在不同发展阶段的许多国家的制造业都是其国家经济的基础。目前在全世界范围内,规模最大的三大产业分别是能源、金融和旅游。物流和咨询行业的发展也相当有力。[②] 大部分产值比较大的产业都出现在第二、第三产业当中。我们在社会主义传统的经济学理论当中了解到,该理论当中所说的产业,就是物质经济的一个生产单位,通常情况下,每个部门都只生产相应的物品,也可以理解为一个部门就是一个产业。由此,可以看出,作为经济学的一个概念的产业,其内外联系所具有的复杂性。实际生活中,对产业的分类有很多种标准和方法。

---

① 陈文华:《产业集群治理研究》,经济管理出版社2007年版,第46—49页。
② 黄德胜:《科学认识劳动密集型产业》,《长春大学学报》2014年第5期。

二 劳动密集型产业概念

劳动密集型产业主要指农业、林业及纺织、服装、玩具、皮革、家具等制造业①。一般情况下，我们认为该产业需要大量的人力资源，并且其对人员的素质要求并不高，因此一般情况下该行业的人员工资比较低，进入该行业的标准也很低。因此如果要想区分某一种产业是不是属于劳动密集型，我们就可以根据在该产业中的人工成本和生产成本的比值以及创新研究与生产成本的比值来判断，如果研发成本远低于人工成本的话，就可以说其属于劳动密集型产业②。

一般情况下，在高科技领域，对资金和技术都有许多的需求，但有时候也需要大量的人力资源，其目的是为了节省成本。这样的产业一般叫作密切联系劳动密集型产业。庄志彬通过研究对其进行了定义，定义指出，对资金和科技要求很低，而对人工数量要求很高的相关产业叫作劳动密集型产业③。该产业的定义是一个相对的概念，不同时期会有不同的定义。通常情况下，该产业一般包括家电制造、棉纺业、农业生产等产业。但是随着社会的进步、技术和设备的不断更新，在一些国家的这些传统的劳动密集型产业中，逐渐不再属于劳动密集型产业。美国的学者认为，机器和机器人最终将取代该行业的人力资源。赵冬昶和苗燕民通过使用计算的角度对劳动密集型产业进行了定义，提出了劳动力与资本的相关系数的概念，该系数指的是在某产业中的所有劳动者与在该产业中的所有固定资产的比值，该值越大，说明该产业越趋向于劳动密集型产业④。公式为：劳动资本系数

---

① 景占伟：《以传统产业为支柱的县市产业转型升级对策与建议——佛山市南海区、苏州张家港市实证分析》，《经营者》（学术版）2013年第6期。
② 黄阳华、罗仲伟：《我国劳动密集型中小企业转型升级融资支持研究——最优金融结构的视角》，《经济管理》2014年第11期。
③ 庄志彬：《基于创新驱动的我国制造业转型发展研究》，博士学位论文，福建师范大学，2014年。
④ 赵冬昶、苗燕民：《后金融危机时代珠三角地区产业结构升级研究》，《价格理论与实践》2009年第10期。

中国劳动密集型产业转型升级研究

=某产业的劳动力/某产业的固定资产。

本书研究的主要方向是劳动密集型产业在升级过程中的方向问题。因此，必须先研究说明该产业的具体概念和定义。从经济学的角度一般将该产业定义为：投入大量人工的经济生产部门，该产业主要包括交通运输、商场餐饮、教育医疗等服务业，以及棉纺、饮食生产、生活用品生产等制造业。总结来说就是该行业需要大量的人力劳动，并且技术含量较低，人工成本占整体成本的比例很大。接下来，我们用其他方式对我国的现状进行论述。

根据我国现行的相关行业的划分标准，并且与要进行的研究相融合，在本书中要研究的该产业的相关行业大致包括12个大类（见表2-1），包括出版业、工艺品生产行业、食品加工、饮品加工、副食品加工、纺织品加工等。

表2-1 产业密集系数

行业	年平均从业人员数量（万人）	固定资产（亿元）	产业密集系数
皮革毛皮羽毛及其制品业	257.57	1259.22	0.204547
纺织服装鞋帽等制造业	44931.00	2440.42	0.184112
文教体育用品制造业	122.36	761.23	0.160740
工艺品及其他制造业	136.82	1120.62	0.122093
家具制造业	98.56	922.24	0.106870
木材加工及木竹藤棕草制品业	130.67	1637.98	0.079775
纺织业	112.61	1474.88	0.076352
食品制造业	617.04	8663.97	0.071219
仪器仪表及文化、办公用品制造业	31931.00	4764.70	0.067015
塑料制品业	259.81	3900.78	0.066605
非金属矿采选业	55.11	832.43	0.066204
电气机械及器材制造业	535	8225.28	0.06503
通用设备制造业	486.52	8424.56	0.057750
专用设备制造业	309.24	5511.45	0.056109
其他采矿业	0.29	5.51	0.052632
农副食品加工业	13.65	260.69	0.052361

续表

行业	年平均从业人员数量（万人）	固定资产（亿元）	产业密集系数
饮料制造业	162.7	3173.18	0.051273
通信设备、计算机及其他电子制造业	663.64	13447.61	0.049350
造纸及纸制品业	337.66	7026.51	0.048055
橡胶制品业	97.97	2068.36	0.047366
印刷业和记录媒介的复制业	82.13	1770.73	0.046382
有色金属矿采选业	50.04	1154.85	0.043330
黑色金属矿采选业	57.48	1360.46	0.042250
煤炭开采和洗选业	505.54	10264.62	0.041903
非金属矿物制品业	508.91	12206.04	0.041693
医药制造业	160.48	4150.59	0.038664
交通运输设备制造业	498.33	13625.9	0.036572
金属制品业	119.02	3395.56	0.035052
全国	8831.22	278541.09	0.031705

注：表中所列为2014年相关数据。

资料来源：张超：《河南省承接纺织服装产业转移问题研究》，硕士学位论文，河南大学，2015年。

就一般情况来说，有些公司发展大多依靠其所具有的硬件设备及其人员的专业化程度，这类是发展时间较长且经验较为丰富的企业。还有一类企业主要依靠人工的操作来运转，通常称之为劳动密集型企业。一般情况而言，各国或多或少都有这类企业，我国此类企业主要分布于东部人员相对集中的地区，主要以纺织、家具等行业为代表。

三 产业升级概念

产业升级是指从产业结构升级转移到利润更大更赚钱的产业结构。一般传统意义上的产业升级主要是引进先进的机器设备，开发新的电子技术进而应用于相关产业中。其发展主要依赖的是科学技术的发展和创新①。现今社会，企业进行相对较新的结构优化一般主要体现在其产品的创新和结构上相对意义上的调整。相对来说，一个企业的文化素质的提高一般主要是由其技术以及管理上的吸收优化来表现的。

就现代的发展情况来看，发展良好并且升级调整的企业是由其结构和素质文化的相对意义上的高效率发展来体现的。前者的提升一般主要是对本身的结构意义上的发展，后者在传统意义上表现为技术与产出的产品质量的改善。总而言之，其与时俱进的发展主要是以先进的技术来支撑。

从长远发展的科学眼光来进行研究考虑，主要大致可以从四个大的情况来分析，主要的表现列举如下。

1. 对传统产业进行信息化改造

在全新政策的引导下，一般在理解相对全新经济发展的概念时，通常会以计算机信息技术作为其技术支撑和先进的领头羊。如今，人们周边生活无时无刻不在充斥着技术的影子，它们以极其迅猛的发展速度窜进了生活的缝隙中，这已经是一个不可避免的发展进程。无论是发达国家的发展，抑或是发展相对缓慢的国家，都需要掌握一门先进的可以做引领支撑的技术，这已经成为一国发展的关键因素。相对地，其也是进行金钱收敛和支出的一个可靠手段。在现今经济飞速发展的趋势下，屹立于东方的一条长龙、发展中的大国——中华人民共和国，也只有紧跟时代发展的大趋势，紧锣密鼓地开展对传统行业企业进行科学技术结构的调整才是其正确的发展道路，才是打开世界大门的金钥匙。在党召开的十五届五中全会上，一项对人民生活有意义并深远影响以后发展的重大决策"第十个五年计划"由此产生。它将核心技术摆在一个至关重要的位置，也将其提升到了一个全新的高度。归根结底，主要是信息技术特有的独特优势，即高增长、低污

---

① 张超：《河南省承接纺织服装产业转移问题研究》，硕士学位论文，河南大学，2015年。

第二章 相关概念及理论基础

染,对人类社会发展有长久裨益的相对高级的再创造。

第一,当代信息技术发展势头迅猛。其优化改造在很大程度上对守旧的古老的企业发展模式有相当大的改善。一般情况而言,管理技术的长足更新与提高是企业进行今后发展的重要关键点。它不仅可以为企业的发展提供一条全新的道路,也可以彻底地颠覆传统观念上的禁锢。中国东北地区在进行传统老工业的改造上有重大且明显的成就。因而,为其今后的长足进步有明确的指示和引领。也为中国的各个产业发展树立了一个光明且重大的榜样,值得后续企业进行效仿创新。其发展不仅有技术的应用与改造,而且有交通定位的开发与制造。

第二,信息技术库的发展更新是企业发展的命脉。其重要性不言而喻。一个企业是故步自封被社会淘汰还是遥遥领先被人称赞,关键取决于其是否有适合发展并领先的技术支撑。毫无疑问,这不单单是一些冷硬没有思想的笨重机器可以改变的,因为这些只是辅助手段,只是提供了一个可以利用的机会,其中起关键作用的还是企业的核心技术。相对具有专业知识技能的专门人员可以发挥其聪明才智,利用机器这一强有力的工具进行血液的更新再造,这是一项长久且艰难的工作,建立基础设施、利于发展的便捷的网上平台等都是其再造的过程体现。这些强有力的先进技术为企业的流动提供了可供选择的条件和手段。一定程度上,其数据的建造为企业的核心领导人员提供了相对便捷的服务,节省了大量的宝贵时间。其优势不仅体现在快速灵活的发展生产方式,而且体现在便捷高速的运转模式上。此后企业的发展可以变得更加人性化,更加具有应用性。其应用度相对更广,更符合现代的社会发展和人类需求。

第三,全新科学信息技术的建造与设立。当今社会的大形势下,发展信息技术相对主要的,有根本意义的是建设明确且应用力度强的基础设施。一般情况下,相对稳定且安全的大环境是有利于发展并且对技术进行更新再造有较大益处的。其通常主要涵盖信息基础设施和企业创新政策等安全法规的建设。

2. 对传统产业进行技术创新

大历史背景下进行的诸多技术产业革命中，对社会发展具有相对较大影响意义的是科学技术革命。持续更迭的前所未有的技术再造以及势不可挡的依托原始产品的全新成品的出现都是其大发展的一个具有相对明确意义的特点。全新的大社会背景，全新的接受能力，全新的技术提升都为企业的技术发展提供了新鲜的血液。产品产出的质量越来越好、建造其所需要的原始材料越来越少等诸多表现都是当代的技术变革带来的裨益。当然，事物都有两面性，变革在一定程度上也对新的技术和企业进行长足发展的生命提出了更高的要求，也带来更多的机会。没有先进的具有根本意义的决定技术是不利于发展的。一般相对较为传统的产业技术创新可基本表现为：科研开发的力度增加以及专门技术人员和高新电子技术的引进和利用。

3. 对传统产业进行组织结构创新

竞争日益激烈的社会背景，带来的必然是全新的技术洗牌和再造。基于此情况，不仅企业的竞争愈演愈烈，而且国家之间的竞争也愈演愈烈。中国的某些传统企业具有其鲜明的劣势，这主要可以从其分散的分布形态和低下的传统手工效率来理解。从此意义上来说，中国的发展关键还是产业结构的优化调整和先进技术的引进与应用。对中国这样一个大国的企业发展，合并与结构的重新组织是加快改变的一个较为先进且利用程度较为便捷的方式。单单就美国这样一个最大的发达国家来说，其企业的并购在其国内就有多半部分，甚至可高达90%。更不用说其在国际上的发展，与其他国际公司的合作直逼70%[1]。如今，中国企业进一步发展已经到了一个瓶颈期。同时，即便面临如此艰难的环境，我国仍然有相对比较成熟的条件进行外部的联合发展。这样的方法，不仅可以增强内部实力，而且对于整个实力的提升都有宝贵的作用意义。此种情况，对于形成合理的产业布局和

---

[1] 路红艳：《珠三角地区产业演进与金融危机背景下结构调整趋势研究》，《经济前沿》2009年第9期。

结构都将产生重大有利的影响。

4. 对传统产业进行体制创新

除却之前提到的诸多创新模式，对其升级调整有深远影响的还表现为体制制度的创新。从某种意义上理解，这种创新模式可以为相对传统的老企业进行全新的制度和规章建设提供相关的法律支持和根本保障。长远来看，对企业进行深层次的改革不仅可以对其技术提供更深一步的改变，还可以从根本上对其专门的技术进行组织优化调整和再造。当今国际形势下，我国也迎来更加严峻的考验以待涅槃重生，恢复往日的繁盛与强大。不可避免，第一步要进行的是对主要由国家控股并领导的企业进行相应的改造。主要是使企业的管理规章与国家方针政策的制定进行有机的结合。在以往的改编中，国有大型企业在进行重组改建时，往往过于激进，对相应的所需要的规章没有充分的理解，因而在某种程度上，会造成不可避免的失误。而国家相应法制法规的制定以及合理的实施会使此类问题得到更加完美的解决和优化。第二步要实施的关键是发展全新的适合经济发展的相对规范的管理方式。一般传统意义上的企业更加注重的是独立的分工和相对独立的状态。相反，在新背景下，如果只注重独立的完成状态已经不能适应较快的生活节奏和发展状态。如今，更加注重的则是人员之间的协作。在独立分工的大前提下，更加需要人员的联动和各个分部门之间的合作，这样才能使其在发展过程中及时发现问题，从而解决问题。打破传统的固化模式，根据新社会、新技术及时调整与创新，是当代一个企业的基本素养，不仅需要打破相对僵硬的模式，还要根据实际的大社会背景和情况进行有机管理，以先进的技术手段建造更加合理的管理模式。

第二节 理论概述

一 劳动密集型产业的特点

劳动密集型产业是我国主要经济支柱，具有自身独特的特点，对其进行归纳总结，主要包括以下几个方面。

第一，劳动密集型产业与其他产业最大的不同就是这种产业需要大量的劳动力。过于注重劳动力，对技术和设备的要求反而比较低，所以，这种产业不能做大做强。我国人口众多，劳动力也相对较多。这是任何一个发达国家都没有的惊人数字。过多的劳动力是我国的产品制造业等相关行业能在国际中取得重大地位的最重要的原因。以东部沿海地区为中心，我国的劳动密集型产业呈现欣欣向荣的景象。尤其是珠三角地区，吸引来自全国各地的人群，长期提供廉价劳动力，促进劳动密集型产业的发展①。但是，这也带来重大缺陷，劳动力太过低廉，甚至连世界的平均水平都没有达到②。

第二，劳动密集型产业最大的一个缺陷就是附加值低，获得的利润不高。与那些发达国家相比，我国的制造业所生产的利润只占美国和德国的一半，是全世界制造业价值最低的国家之一。没有核心的技术，只能通过加工获得低廉利润。长期以来，劳动密集型企业主要是低附加值的生产模式，中国制造业增加价值率与主要工业发达国家相比，仅为美国和德国的1/2左右，日本的2/3左右。最严重的是，无论是技术还是设备，都过分依赖国外，技术远远落后于他们③。

第三，纺织等劳动密集型产业对技术的依赖性很低。因此，与员工的技术和素质相比，更需要员工的体力。过分依赖劳动力而不是技术使得我国缺乏竞争力。只有使用先进的技术，才能改变我国劳动密集型产业的现状。

第四，劳动密集型产业的分布很广。包括很多方面如餐饮、交通传输等相关服务业，还有纺织等制造业。甚至，技术要求较低的农业也属于劳动密集型产业，包含内容特别多，范围特别广。

---

① 杨宁芳、颜家兵：《珠三角制造业转型升级的挑战及策略研究》，《特区经济》2011年第9期。
② 陈策：《江苏：产业转型升级要学习"韩国经验"》，《政策瞭望》2008年第2期。
③ 陈建军：《产业区域转移与东扩西进战略——理论和实证分析》，中华书局2002年版，第18—20页。

第五，劳动密集型产业最大特点是成本低。与那些需要高新技术的产业相比，这个行业的员工需要工作的时间更长，强度也特别大，但是工资却没有高新技术产业的员工高。就比如服装产业的工人，他们一天至少工作12个小时，但是，一个月的工资也才2000块左右，许多企业依靠低廉的劳动力获得利润[①]。但是长期以来，会对这些员工的身体造成不可磨灭的伤害。

第六，劳动力专业技能低。我国的人口众多，在2016年达到13.83亿，城镇人口占57.4%，农村人口占42.6%，其中劳动力就占总人口的60%左右，太多的人口导致就业成为最重要的问题[②]。劳动密集型产业对员工的要求很低，可以大大提高就业率。尤其是在少数民族，老人们几乎都是文盲，他们没有什么文化素质，只能靠出卖劳动力来挣钱。不仅如此，那些经济贫困的地区，必须通过大力发展劳动密集型产业才能使得他们获得经济来源。因为，这些贫困地区的人缺乏知识，而劳动密集型产业企业对员工的知识没有要求，只有这样，才能使这些地区的就业问题得到彻底解决[③]。

现阶段我国的国情是，劳动密集型产业位居经济发展的主导地位，我国正处于经济发展的初级阶段。其特点是：农村有富余的劳动力，但是由于缺乏活动基金和劳动技术，工作质量不高。当然，劳动密集型产业的发展在国际上是普遍存在的，也是社会发展的一般规律，比如，经济发达的美国和日本等资本主义国家的劳动密集型产业在早期都曾经持续了100年左右的时间。

二 劳动密集型产业的形势

时任国家总理温家宝于2012年前往广东省进行了经济发展方向

[①] 安虎森：《区域经济学通论》，经济科学出版社2004年版，第112—128页。
[②] 郭晓庆：《中国人力资本投资对产业结构升级的影响研究》，博士学位论文，辽宁大学，2015年。
[③] 王海宁：《比较优势、人力资本与产业结构升级》，博士学位论文，青岛大学，2015年。

和发展需求的调研。在考察期间，他结合实际，明确指出，当地要牢牢抓住发展机遇，把握出口增长的关键，采取有效措施确保出口经济的持续增长。加快劳动密集型产业的升级换代，使我国能够持续加快稳定外需的发展速度，从而推动我国经济的新发展，世界范围的许多新兴国家和地区，都将会成为我们有效的合作领域。经过认真分析，可以看出这个产业链的发展和转型表现出以下特征。

第一，劳动密集型产业所表现出来的矛盾，首先体现在生产效率偏低、生产成本偏高、工人报酬偏涨几个方面。有识之士普遍认为，靠国家政策的调整来缓解当前存在的问题，只是权宜之计，要想有效适应当前的经济，缓解突出的供需矛盾，保持其在广东的顺利发展，必须使其转型升级、脱胎换骨[①]。

第二，回顾贸易发展，可以看到，2016年通过横向比较，人民币升值幅度只有8%左右，这是一个严峻的挑战。人民币的升值不能有效维持国内企业出口竞争力，这会阻滞国内金融业的发展，从而导致物价膨胀，给社会各个层面带来负面影响。

第三，我国出口退税的成本大幅增重。出口退税政策在过去的二十多年里由于有效管理，运用适当，有效改善了国内的就业环境，提高了生活质量。我国在2017年，仅仅是江苏省出口退税额便达到了2300亿元，比2016年增长了24.87%，占全国的第二名。另外，出口退税的构架特点，主要倾向于几大类大型商品上，我国东部地区尤为集中。由于运作不当，导致挖东墙补西墙，使对外贸易的发展出现了繁荣的假象。王海峰先生进行了分析：有五项措施可能通过调整，得以适当放宽，如出口信用保险规模将扩大，以增加覆盖面，加强信用保险对一些小型企业的作用，通过引入商业保险，达到出口设备融资保险的实际落实；进一步协调和提升管理，包括外汇管理、海关以及质检等部门的服务水平和质量，为各种贸易开通便利渠道；加强金

---

① 曹慧：《基于技术创新的资源型城市产业转型分析》，《中国集体经济》2014年第24期。

融服务的管理，改善其产品结构，例如增加汇率避险方面的产品，规避各种行政性的收费，使管理不断完善①。

三 劳动密集型产业的作用

1. 发展劳动密集型产业是中国国情的客观要求，是中国经济发展不可逾越的阶段

中国的一个基本国情就是在广大的农村地区，拥有较多的劳动力，但他们的综合素质还较低，农村地区也缺乏资金等可发展的要素。同时，广大的农村劳动力创造效益不是很高，这也是为什么农村地区经济发展缓慢、农民收入得不到提高的根本原因。借鉴其他国家的发展历程可以发现，凡是人口密集、缺乏技术或资金的国家和地区，它们的产业发展都会从资源与劳动密集型开始，逐步过渡到依靠技术与资本进行发展的模式。中国的邻国如韩国、日本无疑都经历了这一过程。所以中国的发展也应当充分分析并吸取他们的有益经验，充分发挥自身成本低的优势，来吸引资金与技术的进入，积累自身长期发展的优势，通过劳动密集型产业的发展，最终提高广大农村地区人口的收入。

2. 发展劳动密集型产业是促进农村就业和农民增收的重要途径

劳动密集型的产业可以安排较多的剩余劳动力，相关计算表明，每一单位固定资本可以利用的劳动力，轻纺行业是重工业行业的2.5倍，对于那些规模较小的劳动密集型企业，吸纳的劳动力数量是那些依赖技术的大型企业的10倍甚至更多。因此，通过发展劳动密集型的企业，可以吸纳更多的剩余劳动力，不断提升农民收入水平。

3. 发展劳动密集型产业是扩大出口、增加创汇的重要举措

中国当前发展的一个重要基础就是拥有广大的劳动力，劳动密集型产业仍然在国际市场的竞争中占有优势。我国劳动密集型产业出口

---

① 丘海雄：《珠江三角洲产业集群发展模式与竞争力研究》，经济科学出版社2008年版，第12—14页。

额逐年增加，带动了我国经济的出口发展。以劳动密集型纺织行业为例，截至2016年，其出口额已经达到了8173亿美元，比2015年提高了0.34%。目前我国的劳动密集型产业，仍是中国的主要出口产品。

4. 发展劳动密集型产业是推进城镇化建设的关键

小城镇的经济发展取决于乡镇企业的发展，相关的统计数字表明，1996—2001年，劳动密集型产业贡献了55.5%的全国乡镇工业增加值，通过劳动密集型产业来推动工业化在农村地区的发展，比如温州地区、珠江三角洲地区都取得了长足的发展。珠三角地区是劳动密集型产业的主要区域，2000年城镇化覆盖率还比较低，而在劳动密集型产业的带动下，截至2016年珠三角地区的城镇覆盖率已经达到了84.12%。

四 劳动密集型产业转型升级的动因

1. 生产要素价格上涨

当前原材料、劳动力等生产要素的成本不断上升，造成了劳动密集型产业的调整。20世纪80年代开始，我国东部沿海地区抓住了改革开放的机遇，吸引了大批的资金与技术来发展自身的劳动密集型产业，逐步建设出了珠江与长江三角洲两大沿海经济带，区域经济得到了飞速的发展。但是不断地发展也引发了各个要素成本的上涨，特别是近些年来，沿海地区的劳动力成本优势消失，成本不断上升。工商行政管理部门对我国的劳动密集型产业进行了详细的统计与分析，2013年每人每月的平均工资为3205.88元，2016年每人每月平均工资为3520.45元，可以看出广东省工人工资明显的上升趋势。同时生产力要素的流动也侧面导致了"用工""招工"难现象。并且土地作为产业发展的重要条件，有限的土地资源也制约了企业生产经营[①]。改革开放后的快速发展，也占用了不小的土地资源，当前可以利用的

---

① 赵玲玲：《珠三角产业转型升级问题研究》，《学术研究》2011年第8期。

土地面积已然十分有限，许多地区的空间重复使用、过度拥挤，造成土地价格的不断上涨。再加上市场机制的调配作用，将土地调配到更多的资金与技术密集型企业，更加加剧了土地价格的上涨。同时原材料等的价格也出现了不同程度的涨幅，无疑给劳动密集型产业造成了不小的挑战。所以，企业面临着提升自身技术的压力，沿海地区面临着产业结构升级的压力，最终导致了许多企业开始向西部地区进行迁移。

2. 市场拓展的需要

长时间以来，劳动密集型产业非常依赖自身的成本低廉优势，不断抢占国际市场，但是，边际效应规律不断显现及人民币汇率不断上升，给这些劳动密集型企业，特别是依赖出口的企业，带来了不小的挑战。并且，这次从美国开始的金融风暴，极大地缩减了国际市场的需求，沿海地区的许多劳动密集型企业面临生产的危机，也从外部因素上加快了产业转移及结构调整的步伐。经济不断发展，也在促使产业结构进行不断的调整。相关的研究成果均表明，相关的区域发展通常是以劳动密集型产业开始，目前东部沿海地区面临着的外部压力，促使他们进行产业结构升级或是转移，来提升自身的核心竞争力。比如，珠江三角洲的服装业是广东省产品出口的重要产业，但现在这一行业的利润率不断下滑，再加上退税率的调整，造成了利润率的进一步降低。有些行业的利润率有限，再加上税率的下调，更加剧了这些企业的运营危机。也就从客观上为产业的转移提供了外在条件。同时，近些年通过国家的西部大开发战略，西部地区的基础设施建设取得了不菲的成绩，巨大的消费市场也为沿海地区的劳动密集型产业的转移提供了巨大的驱动力。

3. 地方环境保护压力

我国东部沿海地区由于其所具备的独特的地理优势，所以当地的经济也取得了十分迅速的发展，城市的竞争力也呈现出了大幅度的上涨趋势。然而，这也给当地的环境造成了极为严重的污染。2015年年底，造纸和纸制品业、化学原料及化学制品制造业、纺织业、煤炭开采和洗选业的工业废水排放占比达47.1%。截至2015年年底，我国工业污水日处理能力为2.93亿吨，设施运行费用达到736亿元[①]。自党的十九大后，我国对工业环保越发重视。对当地污染事件举报情况进行调查分析，2017年8—10月，广东地区工业环境污染遭到的举报共8978件，排名第一[②]。其实在东部沿海地区发展的过程当中不但要将经济效益看重，其实生态效益也是不可忽视的一大部分。资源与环境就本身不是对立的，但是在现实生活中却已经不知不觉地成为一对对立词。其实之所以会造成这样一种局面，与我国东部沿海地区主要发展劳动密集型产业是密不可分的。为了解决这一种问题，那么就需要将劳动密集型的低端生产环节和高耗能企业充分地转移出去，积极地对生态环境进行保护，才能最终实现东部沿海发达地区经济的长远可持续发展。这里主要是将珠三角地区作为典型例子来举证，毕竟在这一过程当中，还需要将港澳台进行产业转移，然后再将重心落到工业方面。正是由于这样的一种发展方式，所以即便是在经济方面取得了一些发展，但是后续的不良后果却也是难以想象的。这里主要包括了产业结构不够合理、资源环境压力增大等多个问题。如果要将区域环境改善，那么先污染后治理的老路是不能够再继续走下去了，应该采取一种全新的方式，将高污染经济所承担的经济成本和社会责任全部都落于实践当中。如果将广东省和江西省进行比较的话，其实两个省的水资源总量是比较趋于一致的，然而广东省工业废水的排放量却是已经达到了江西省的四倍之多。由此看来，广东省的环境污染形势已经是非常严重。

4. 宏观政策导向

其实劳动力与土地使用两方面所花费的成本都是比较巨大的，特别是在产业集聚的网络配套设施方面就更是提出了极高的要求。随着近年来国家逐步地在珠三角这一区域减少了优惠政策的投放，导致此

[①] 朱晓霞、郝佳佳：《中国制造业产业升级路径选择研究——以长江经济带为例》，《科技进步与对策》2015年第7期。

[②] 朱淑枝：《珠江三角洲经济国际化与主导产业转型》，《珠江经济》1998年第3期。

时的劳动密集型产业在发展的过程中承担了极为巨大的成本。在2008年年初，一种全新的企业所得税法便已经正式走入了大众的视野，这对于劳动密集型产业来说，可以称得上是一次毁灭性的打击。在很早之前，其实内外资企业所得到的"待遇"差距还是非常巨大的，直到这一待遇被取消之后，外资企业成本的优势便已经逐步消失殆尽。为了迎合国家所提出的发展要求，广东省在2008年的时候就正式将"双转移"战略推向大众的视野，为的就是能够尽可能地让行政区域内的优势资源实现有效的互补，带动整个过程中的要素的流动，最终成功拉动当地产业的发展。在这一过程中，广东产业转移工业园建设战略所取得的成果是大家有目共睹的，也是任何人都无法磨灭的。如今大朗镇的毛织、厚街镇的家具等行业都纷纷开始转型，力求朝着高端产业发展。

第三节 理论基础

一 马克思政治经济学理论

马克思主义政治经济学的研究对象是社会生产关系及其发展规律，而社会生产关系及其发展规律，是在人类物质资料生产过程中形成和存在的。生产要素是进行物质资料生产所必须具备的各种条件和因素，人们为了实现物质资料的生产而进行的劳动过程，必须具备三个简单的生产要素：劳动者的劳动、劳动资料和劳动对象。生产过程中的劳动资料和劳动对象的总和，就是生产资料，它是任何社会中人们进行物质资料生产必备的物质条件。生产要素的内容是随着社会发展而发展的。

生产力的构成，概括地说包括人的因素和物的因素。人的因素是指有一定生产经验、劳动技能和科学知识，并实现着物质资料生产的劳动者。劳动者是生产力的主体，在生产力中是起主导作用的因素，是社会生产力中最根本的力量。物的因素是生产资料，即人们在生产过程中所使用的劳动资料和劳动对象的总和。在生产过程中，作为劳动资料重要构成部分的生产工具对于生产力的发展有着特殊的作用。劳动对象作为生产力中劳动加工的对象，它的数量和质量是决定生产力的重要因素。人们常说科学技术是第一生产力，这是因为人类社会的发展，是先进生产力不断取代落后生产力的历史进程，而生产力的集中体现和主要标志是科学技术的应用。科学技术越是广泛地应用于生产，就越能提高生产力的水平。科学技术推动着生产力的发展变化。

在社会生产中，人们结合起来进行生产，就形成了社会生产关系。社会生产关系就是人们在物质资料生产和再生产过程中结成的相互关系，也叫经济关系。生产关系的内容，包括人们在一定生产资料所有制基础上所形成的，在社会生产过程中发生的生产、分配、交换和消费关系。

它们之间存在着相互联系和相互制约的辩证关系。在这个辩证关系中，生产居于首要地位，起着主导的决定的作用，一定的生产决定着一定的分配、交换和消费；而分配交换和消费并不是单纯消极地由生产所决定，它们又积极影响和反作用于生产，促进或制约着生产的发展。

基于马克思政治经济学理论可以看出劳动者是企业生产的主力，注重对劳动者的培养，对企业发展能够起到一定促进作用。尤其是对劳动密集型产业而言，主要是以劳动力为主，企业在发展过程中，除了要注重人的因素，还应注重物的因素，提高劳动密集型产业的科学技术，改善劳动密集型产业的劳动关系，完成劳动密集型产业的转型发展。

二 企业竞争优势理论

战略管理本身就是一种分析企业与市场环境之间的关系。企业如何能够在繁杂的社会当中闯出一片天地则是需要从竞争压力、模仿等多个方面来进行总结，所涉及的问题主要如下：企业的经济利润从何而来？如果是处于一种平等竞争状态，那么差异化利润的来源又来自于哪里？企业的知识资产能否进行战略性管理？企业的边界效应如何发挥出来？战略管理对于企业的绩效影响程度如何？

总结看来，企业可持续竞争优势的源泉及其形成机制才是发展的一个根本核心。一般都是围绕着以下四个方面来进行：竞争优势的"义"，其实就是将竞争优势进行了系统的说明，并进行针对性的揣度；竞争优势的"源"，那么就是尽可能地为企业挖掘出竞争优势；竞争优势的"生成逻辑"，就是充分地将竞争优势的"源"与其之间的关系理清楚；竞争优势的"可持续"，找出企业的生产线，并围绕其开始入手。在 30 年的发展进程看来，学术界已经做了大量的研究与分析，最终构建了一个所谓的价值观。其实正向知识理论方向在发展的过程当中就已经将定位理论的实质确定了下来，当然，这个时候其实也就是为企业提供了一个强大的分析市场以及一个合理的竞争环境，当这样的理论框架被构建起来之后，企业的经营者就需要对产业竞争环境予以密切的关注，这里所需要关注的方面包括了供应商、替代者等。直至如今，理论也仍然是散发着璀璨的光芒①。资源观理论本身就需要由企业自身的资源差异化来出发，从而使得企业的竞争地位得以确定下来，但是如何去将企业的竞争优势发挥出来，还是需要保持着一定的智慧。当处于一种动态的不确定性竞争环境之下，那么企业就应该将资源内化为一种适应变化的竞争环境，对于时刻的变化做出一定的应激反应，使之形成一种自然惯性。

综观企业竞争优势理论的发展情况，其实企业的竞争优势在如今已经表现得非常明显。基本上都是由资源观和能力观这两方面来决定的，当然，在同一时间段，还应该将知识资产或智力资本这一无形资产掌握在自己的手中。在绝大部分的时候，知识观的出现主要是归纳于这一时代发展下的必然产物，如果利用的是一种不确定性的技术和市场竞争环境，那么此时技术密集和知识密集型的企业在发展的过程

---

① 张超：《河南省承接纺织服装产业转移问题研究》，硕士学位论文，河南大学，2015 年。

当中就无法将客观需要予以满足。其实知识观是一种比较虚幻的存在，是一种看不到、摸不着的东西，在很多时候这就算是一种所谓的意志，即"无形"的人力资源。针对这样的一种管理的特殊性，在探索的过程当中还是十分注重知识与企业竞争优势的内在逻辑联系，力求尽可能地将智力资本、智力资产等在内的多种能力都牢牢地把握在手上，最终真正地产生一种联系知识和企业竞争优势的现实路径。其实这就说明了，知识观的出现其实就必然会将企业对"知识"这一无形资产的创造、转化然后运用起来，这对于企业的生产经营来说，绝对是一项十分有效的现实途径。

如今我国在知识产权管理这一方面的研究正在逐步地深入，这也对如今的知识产权起到了一种保护的作用。在企业知识资产体系当中，其所体现出来的价值性十分重要，特别是从竞争优势这一视角来进行知识产权管理研究的时候就更加需要充分地抓取知识产权与企业竞争优势之间的逻辑关系，然后再逐步地推开。其实知识产权的出现是需要企业进行创新的，不管是在制度上还是行动上都必须要如此。毕竟知识产权是能够使得企业永葆活力的强大动力。

现阶段学术界愈加重视知识产权管理的研究，研究过程当中，主要立足点是经济学本身的理论和方法，对于其他专利、商标等的研究相对而言比较少。不过知识产权这一概念并不是单一的，而是由许多小模块组合在一起的，知识产权事实上也是法律形式的一种体现，反映的是智力资本和资产等，它可以保证企业价值能够更好地实现，不过需要将企业的背景、市场环境等因素考虑周全，综合性的整合和管理多种多样的知识产权，但对于这一点目前我国企业普遍存在的问题便是研究不深入。也正是因为这样，为了更好地整合各种知识产权，需要学习和借鉴法学等研究成果，为其提供理论支撑，逐步建立起一个相对完善的竞争机制。数据具有可收集性、可获得性，基于数据这两个特点，结合目前国外内在知识产权与竞争优势两者的关系方面的研究，我们发现主要还是在专利领域，这两点的关系更加密切，在其他方面，这两者的逻辑关系的相关实例并不多。结合中国的国情和相关的情境进行知识产权管理和竞争优势的研究，现阶段这种研究还处于初级阶段，主要是一个描述性的统计和记录。为了可以更好地整合各类知识产权，建立起一个相对完整的知识产权与竞争优势的逻辑关系，必须要学习和借鉴法学等理论研究成果，并结合具体的情境，开展实证研究。

三 产业价值链理论

随着经济的发展、技术的进步，价值链内部的分工也在不断发生变化，纵向深入不断地变化着，价值链内部存在许多种类的价值创造活动，随着内部分工的不断深化，这些价值活动逐渐开始分离成单个的个体活动，之前由一个企业主导，而分离后由多个企业主导，这些企业的关系主要是上下游的关系，一同进行价值的创造。根据迈克尔·波特的理论逻辑，价值链当中存在许多的环节，每一个个体企业都能在这个价值链上找到自己的位置，企业为了可以获得长期的竞争优势，一方面内部价值链的位置有很大的影响作用，另一方面，在价值系统当中，即企业的价值链和相关的供应商等之间的连接程度也会对企业的竞争优势产生一定的影响。迈克尔·波特对价值链的定义主要是从企业在竞争的过程当中所实施的行为等进行价值角度的界定，也可以称其为产业价值链[1]。

产业价值链包含的范围比较广泛，不仅仅是价值链背后所蕴藏的结构形式等，更加包含了价值链的一些属性，产业价值链是对价值链的延伸，可以反映其更深层次的含义，对价值链的竞争优势等具有决定性作用。产业价值链一经形成，价值链的价值可以得以实现，价值也可以得以创造和转移。价值链和产业价值链的一大主要区别在于，前者描述价值链内部各个企业的职能情况以及相互之间的关系，后者主要突出的是价值创造这一点，描述的主要是价值在价值链当中的传

---

[1] 荣跃明：《区域整合与经济增长：经济区域化趋势研究》，上海人民出版社2005年版，第13—15页。

递等过程。产业价值链主要是在价值链的一些活动创造过程当中形成的，它在一定程度上对企业的价值链进行了整合，推动价值链系统持续运行下去。

以现代工业的产业价值链作为具体的实例，描述一个产业的价值链系统。一般而言，一个完整的产业价值链包含了多个环节，包括加工、生产、销售等，每个环节的参与者角色不同，其发挥的作用和创造的价值也不同，他们都可以从这过程当中获取一定的利益。产业价值链上面的各个环节的活动对于最终的价值活动都会造成一定的影响，而且每个环节上都有一些类似的企业，企业所创造的价值和相关活动不可避免存在一些相似。产业价值链主要是价值链当中各个环节的企业的价值链整合后形成的，因此各个企业的价值链也存在一定的关联点，没有形成一个统一的价值链体系之前，每一个企业的价值链相对而言都是独立的，彼此之间也没有什么联系，不过在整合后，所有企业的价值链被集结在一起，形成了一个产业价值链体系。

四　企业转型升级理论

近几年，中国为了经济结构的调整和经济水平的提高，一直将转型升级作为重中之重，这不仅只是中国在管理上的实践活动，对于新兴的企业而言这也是他们持续发展的动力。"转型升级"想必并不陌生，各种新闻报刊、经济新闻当中都有提及。中国已经有许多企业顺利地进行了转型升级，随后进行全球化的竞争，在这个过程当中不断地提供自身的竞争力等，这也反映了目前我国的新兴企业还存在很大的发展空间。这一次企业升级最早是出现在 1998 年，格里菲（Cereffi）将升级与全球的价值链结合在一起进行分析研究，在他看来，只有企业在经历升级之后，才能更好地获得更多的资金和技术上的优势，指出企业在升级之后可以由原来的劳动密集型企业向更高层次的技术密集型等方向发展[1]。开普林斯基（Kaplinsky）认为，企业在升级之后

---

[1] Cereffi, *Beyond the Producer-driven/Buyer-driven Dichotomy The Evolution of Global Value Chains in the Internet Era*, IDS bulletin, 2001 – Wiley Online Library, 1998.

产品的质量也会得到有效的提升，企业成员也可以参加更多的活动，企业的竞争能力可以得到加强[①]。

企业在发展的过程当中遇到瓶颈时，为了谋求进一步的发展，可以转变战略发展方向，重新开始思考企业的行为，进行企业转型升级。企业转型这一话题，许多学者都是从微观的层次上进行的研究，企业的成功主要取决于两方面，一方面是指企业竞争地位，另一方面则取决于企业所处的产业是否具备盈利的能力。企业在发展的过程当中，如果遇到了发展瓶颈时，转型成为必须。还有一些学者认为企业转型其实基本等同于企业的再造，认为企业转型是企业的一个全新的改变，为了生存发展，通过各种活动进行企业内部的调整。我们认为企业转型其实是企业在遇到危机时，遇到发展瓶颈时，为了打破现状，通过一系列变革等活动，为企业发展创造新的活力，推动企业的可持续性发展。

新兴经济体企业现在所处的境地，发展机会甚至比发达国家还要大，这就是企业升级之后新兴经济最独特的地方，但与此同时它又包含了非常大的升级空间。王吉发、冯晋、李汉铃等认为企业转型不仅有外生动因，而且还有内生动因，外生动因包括外部环境的变化和企业在行业内的地位变化；内生动因是其他行业的吸引和资源冗余。其中比较著名的就是张伟轩提出的观点，即我国企业的转型升级所面临的压力总的来说表现在六个方面：在出口退税和进行商贸政策上面的调整、人民币价值的提升、原材料的价格上调、生产出来的东西所含的附加值较低、反营销以及对环境质量的认证等一系列的贸易和技术壁垒。发展中国家有些企业已经加入了全球价值链，它们处于其中的升级的动力有三种：企业集群的集聚效应、企业所嵌入价值链领导企业的推动以及企业的技术创新。其中里面所包含的集聚效应通过间接的作用来使得企业实现升级，后面的两个则是直接推动[②]。

因此，企业如果想要实现提高持续竞争能力及产品、服务的附加

[①] R. Kaplinsky, J. Readman, *Integrating SMEs in Global Value Chains: Towards Partnership for Development*, Vienna: Unido, 2001.

[②] 郭晓庆：《中国人力资本投资对产业结构升级的影响研究》，博士学位论文，辽宁大学，2015年。

价值，就必须要实现自己本身的升级，从而寻找新的在经营时的方向，从而实现自身的变革，这样才能达到产业转型升级的最细致层面和最终的目的。

五 企业生命周期理论

企业就和普通的生命体一样，有自己的生命周期，美国著名管理学家爱迪思（Adizes）就此提出了企业生命周期理论，并且将企业的生命周期分成了十个阶段，即孕育期、婴儿期、学步期、青春期、壮年期、稳定期、贵族期、官僚化早期、官僚期、死亡期。在生命里面的每个阶段它的行为特征也都是不同的，因此可以根据某些具体的征兆来对企业可能出现的问题进行预防，也可以总结出来一套方法能够将这个问题给解决了，这样一来，企业中的好多障碍都可以避免。

但是，并没有一套方案能够运用到各个领域和方向的。所以说如果想要总结出一套终极的解决方案，这几乎是不可能的。每个生物都有自己的生命周期，所以任何一套方案都不能逃得过命运的决定。故而，如果我们在某一个时代下所创造出来的一个解决问题的方案，大多数都有针对性，如果将它运用到各个领域就不免以偏概全，所以爱迪思总结出来的解决问题方案如果从长远来看，就没有了通用性。而且爱迪思对企业生命周期所划分出来的阶段太过于细致，因为企业的生命周期并不会那么明显，可能某些特征每个阶段都会出现，所以最通用的企业的生命周期就可以粗略地划分为初创、发展、成熟、衰退四个阶段[①]。

如果就企业在这四个阶段所遇到的具体问题以及能够解决问题的方法来进行讨论，可以知道，在实践中遇到的问题，并不确定都可以解决。毕竟一个企业的生命周期和很多因素都有关系，不仅有外界因素，还有内在因素。对于企业来说，很多外部因素如政府决策、竞争

---

① 郝俊卿：《关中城市群产业集聚特征、机理及效应研究——以制造业为例》，博士学位论文，西北大学，2013年。

对手等是没有办法改变的,所以企业唯一能够改变的不过是企业策略、企业组织结构这些内部因素。所以我们就要找到无论外部环境怎么变化,对企业的生命周期依旧产生巨大影响的内在因素。消费者的需求、组织结构和组织文化作用这时候就显得非常重要,下面的文章主要就是通过对这些因素进行的细致讨论。

一个企业在它的整个生命周期里面会遭遇各种各样的问题。一个企业要想能够基业长青,一个好的领导人不过是其次,最重要的是能够在企业成长生命周期的每一个阶段所有的问题都能够得到最合理的处理。我想很多的企业都知道,企业绝对不能对员工太过于依赖,毕竟员工是不确定的,但是却会忽略了也不能太过于依赖企业领导。因为一个特定的领导人将企业带到了辉煌,但是这种辉煌往往不会太长久。毕竟企业的生命要比领导者的生命周期要长得多。这就可以很好地体现,企业要想长久辉煌,并不是因为某些领导人,而是这个企业对于消费者的态度、自己企业内部比较好的组织结构和文化等。如果企业有了这些因素,并且随着企业的发展不断优化,即便是没有了某些领导人,企业里面的这些问题也仍然可以处理得非常好。

六　企业战略管理理论

20世纪60年代时期,由美国著名的管理学家钱德勒出版了《战略与结构:工业企业史的考证》一本书,在这本书中首次对战略问题进行了研究分析,指出了企业发展过程中环境、战略和组织之间的关系。他认为企业经营战略在发展过程中必须要满足市场的需求,组织结构要能够满足企业的发展战略[1]。从企业战略管理理论出发,对各大企业而言,在发展过程中要对市场进行调查,了解市场需求,以顾客为中心,完善企业的发展策略,这样才能够让企业在激烈的市场竞争之中脱颖而出。企业战略管理过程中要从人才管理、生产管理、成本控制等不同角度进行分析,探究完善管理战略。

---

[1]　[美]钱德勒:《战略与结构:工业企业史的考证》,哈佛大学出版社2007年版。

第三章 中国劳动密集型产业发展的现状与问题

第一节 劳动密集型产业发展的现状

一 劳动密集型产业的发展速度

劳动密集型产业指主要依靠劳动力资本的产业，包括纺织业、服装业、食品加工业、制造业等。改革开放后，我国人口快速增加，劳动密集型产业快速发展起来。根据我国人口普查的数据可以得出，截至2014年年底，我国的人口数量达到了136782万人，比2013年末增加710万人。从年龄构成看，14—64岁人口占总人口的比重为73.4%，65岁及以上人口占总人口的比重为10.1%，0—14岁人口占总人口的比重为16.5%（见图3-1）。

从调查数据当中不难发现，中国的人口中16—60周岁并且具备了从事工作能力的劳动人员占据了很大一部分，这也为劳动密集型产业提供了强大的人口保障。依照中国目前乡村多数劳动人群，这一部分人受教育文化程度不高，并且缺少资金等必要条件，这一情况在中国乡村非常普遍，也是经济发展当中所遇到的一个问题。现在中国有8亿人处于适龄劳动力状态，其中1.5亿人处于待业状态，乡村劳动力有1/3是半就业情况，在中国还有4亿多的青年农民，他们当中有1/4是文盲或者半文盲[1]。引起这一部分人群收入低和劳动生产积极

---

[1] 参见http://www.360doc.com/content/15/1014/11/278748_505539607.shtml。

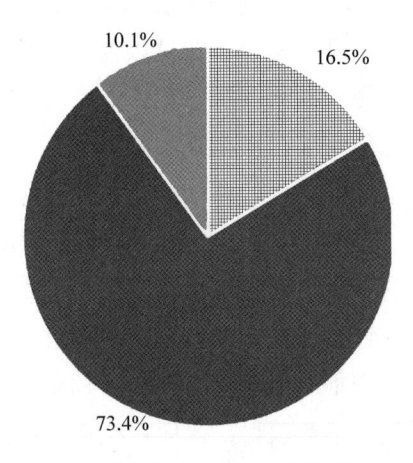

第三章　中国劳动密集型产业发展的现状与问题

10.1%　　16.5%

73.4%

▦ 0—14岁　■ 14—64岁　■ 65岁及以上

图 3-1　人口年龄结构

资料来源：http://www.360doc.com/content/15/1014/11/278748_505539607.shtml。

性不高的原因在于文化素质普遍不高等。假如没有相应的应对方法，这一部分人群就会成为社会的负担。基于中国现状，从"劳动力成本低"这一点入手，不仅能吸引资金与相关的技术，同时也能解决中国乡村多余劳动力的工作，加速中国农业与全国经济的健康稳步发展，同时也维持了乡村地区社会的长治久安[①]。

中国现阶段在劳动人口众多的情况下，可以进一步发展劳动密集型产业，从最近几年的情况来看，中国的劳动密集型产业进步非常明显，中国的劳动密集型产业大部分分布在纺织等传统行业，近些年，劳动密集型产业也在加快转型与升级，通常表现为以下几点。

1."集体西进"趋势凸显

就有些方面，上海市与重庆市签订了协议，该协议包括以下内容，上海三毛纺织股份有限公司这个有 73 年历史的公司将"举家搬

---

① 简晓彬：《制造业价值链攀升机理研究——以江苏省为例》，博士学位论文，中国矿业大学，2014 年。

迁"重庆，该公司本来就有运输到重庆的生产线和技术骨干，所以才会选择一个新的地址来进行生产。在这以前，上海毛毯厂就和云南大理毛纺厂剥离的有效资产共同融资建成了一家新的企业。

浙江温州一家制鞋商现在也在重庆筹备建一家生产企业，另一家也想在重庆建造一个工业园区。浙江维科集团已经就江西九江兴建纺织工业园计划做好了规划，这一工业园计划主要以维科集团领衔招商，其上游和下游的一些厂家也将会逐步在该纺织工业园落户，这样纺织产业链就会得到转移；现在维科集团正在就收购九江纺织三厂这一事情进行谈判。宁波雅戈尔集团与喀什新棉集团也进行了合作，共同一起投资了七万锭全精梳项目，该项目在新疆喀什已经完工。

2. 沿海生产成本上升和产业创新

"驱动产业西进的直接动因是沿海生产成本上升。这与20世纪80年代世界制造业移入我国沿海地区的本质是一致的。"在接受记者专访的时候，中国社会科学院工业经济研究所王钦博士这样说。近几年，沿海地区的土地、劳动力、能源等基本的要素供应越来越紧迫，价格更是不断上升，需要大量劳动力的制造业在本地的发展已经没有了任何优势。

此时广东一服装集团的董事长罗先生正在安徽阜阳投资新建厂房，他就此算了一笔账：在劳动力资源，广东给予工人2000元/月的工资，这样是很难招到员工的，但是如果是在阜阳，因为此地劳动力比较丰富，仅需要付给人均800元/月的工资即可；关于土地费用方面，如果在阜阳的"中国中部纺织工业城"内，仅需要支付2万元/亩左右，所以说你如果在沿海地区，只是土地上的钱，如果是在中部，那你的土地、厂房、设备都已经置办齐了。除此之外，水、电等这些能源，在中部也比较充足，所以价格也会相对便宜。

所以说，中西部地区包含有巨大的潜在内需市场，这些对沿海地区劳动密集型产业的吸引力也是不容小觑的。在中西部投资，能够离日益增长的消费群体更近一些，从而获得更多的利益。安徽服装商会会长杨万总曾经介绍过，安徽有6400多万人口，在服装上的花费竟然高达300多亿元，可是安徽的企业所占的市场比例甚至不足3%[①]。

"沿海产业西进，还有另外一个动因，就是沿海产业创新。"王钦觉得，现在的沿海地区，它们的工业化已经进到了后期，所以对产业结构的优化和升级的要求日益紧迫。沿海省市都在对功能定位进行调整，并且不断发展一些以知识作为主要内容的新兴产业，一些主要以加工生产为主要的劳动密集型的制造业逐渐消退。不仅如此，现在上海、南京、深圳、广州等地也都已经开始以现代知识型服务业为主要内容，以此作为经济发展新的引擎。

四川大学经济学院产业研究专家汤山文就国际形势指出，这几年以来，新的世界科技革命和产业革命正在逐步发展，国际上的产业也逐渐转移到了中国，中国正在进入一个新的阶段，一些知识服务业也逐步向中国转移，这样一来，沿海地区产业结构的调整和产业创新也就有了更好的机会。而沿海业创新计划的快速进行，也会大大加快未来沿海地区劳动密集型制造业移出的步伐。

3. 重构区域产业分工版图

针对沿海产业西进这一事件，中西部省区市表达了热烈的欢迎态度。重庆市政府常务副市长黄奇帆就这样说过，"现在的轻工以及纺织等劳动密集型产业仍然比较走俏，沿海的经济产业完全可以转到我们这边。当产业结构进行了调整之后，经济增长思路也会被重新打开"。

根据相关情况看来，中西部省区市都已经牢牢地将"做好迎接这种转移的准备"做到位，并且已经主动积极地将劳动密集型产业的发展条件创设起来。据悉，中部各个省在"十一五"规划纲要里面就已经提出了纺织工业在经济方面的重要性。河南率先提出了"建立全国重要的新型纺织工业基地"这一口号，而后湖北、湖南等省也开始积极响应。

[①] 文军、戴年昭：《FDI对区域产业竞争力的影响分析：以珠三角为例》，《经济视角》2010年第2期。

"这种转移一旦成功,对于中国经济而言,影响极为重大。"中国社会科学院工业经济研究所王钦博士针对这一情况发言。

在20年以前,中国制造业在沿海地区发展得如火如荼。中西部地区已经朝着劳动密集型产业基地逐渐转移,凭借于此,能够十分迅速且适时地跨越农业向工业转变的这一障碍;沿海地区在产业转移这一方面主要是将有限资源进行集中化处理,从而形成一种产业创新机制,现如今已经逐步形成了现代知识型产业基地。

二 劳动密集型产业的发展结构

我国商品和劳务在国际市场上其实具备一个非常关键的因素,那就是劳动力价格低廉,我国所推出的劳动密集型产业本身就在国民经济当中占据极大比例。对我国各大行业发展的经济环境进行分析,目前我国经济呈稳步发展模式,国内生产总值正在逐步上升,2012年我国的国内生产总值为540367.4亿元,而2017年我国的国内生产总值已经达到了827122亿元,比2016年增长了6.9%。对2017年我国三大产业的生产总值进行调查,其中第一产业生产总值增长最慢,第三产业的生产总值增长最快,比2016年增长8.0%,第三产业的生产总值已经达到了427032亿元。对我国最近几年三大产业生产总值所占的比重进行调查分析,截至2017年,我国第一产业生产总值占生产总值的7.9%,第二产业占比为40.5%,而第三产业为51.6%[①]。目前我国第三产业规模正在逐渐扩大,所占比例逐渐增加,是未来我国经济发展的主要方向。我国目前第三产业的发展速度比较快,对劳动密集型产业而言,在发展过程中,同样开始逐渐向第三产业转型发展,以服务业为主,快速地发展。

三 劳动密集型产业的发展效益

大家所熟知的像温州的皮鞋、嵊州的领带等都是基于地区的产业

---

① 参见:http://finance.sina.com.cn/china/hgjj/2018-01-18/doc-ifyquptv7644897.shtml。

集群，是我国劳动密集型产业组织结构的一个重要组成部分，对我国的经济发展都有着至关重要的影响。但是基于地区的产业集群会产生某些问题，像此地区生产同类型产品的企业会相对集中，然而每个企业又是相对独立，各自开展经济活动，如采购原材料、销售制成品。这导致整个产业链无法形成采购与销售环节上的规模经济。因此，变革和创新现有劳动密集型产业的组织结构成了实现采购和销售规模经济的重中之重。原来的产业集群结构大多为"小而全企业"，变革和创新之后将形成价值链集群结构[①]。相比于产业集群结构，这种价值链集群结构的优势是，能够充分利用家族制生产制度，进一步提高和发挥劳动力的潜能。如此一来，在整个运作环节当中，这种制度下的企业，作业速度更快，作业时间更长。因为受到家族生产制度的积极影响后，劳动力潜能会以惊人的速度转化为显能，由于多劳多得，劳动者更加积极主动，劳动效率会更高。

第二节 劳动密集型产业发展存在的问题

一 融资难阻碍了劳动密集型产业的发展

对我国劳动密集型企业进行分析，主要是以中小企业和民营企业为主，相对而言，大型企业比较少。据我国工商行政管理部门报告显示，截至2016年，劳动密集型产业中小企业占总数量的76.6%。然而对中小企业而言，在发展过程中普遍存在的问题便是融资难，资金获得渠道比较少，信用等级差，不容易获得相关金融机构的投资，这种现象直接地影响了劳动密集型产业的发展。我国工商行政管理局对于劳动密集型产业融资难的原因进行调查，其中有29.7%的中小企业表示与信贷公司人员不熟，进而导致无法获得贷款，有27.7%的中小企业表示无人担保，20.6%的中小企业表示没有抵押物[②]，因此没有

[①] 王缉慈：《创新的空间：企业集群与区域发展》，北京大学出版社2001年版，第3—20页。

[②] 张耀辉等：《中国劳动密集型产业发展战略研究》，经济科学出版社2006年版，第25—115页。

办法获得企业发展融资贷款,甚至有些企业缺乏信心,主动放弃了申请贷款。调查还显示,由于正常融资渠道收缩,造成非正常融资迅速膨胀,进一步加大了中小企业的融资成本,融资难进一步加剧。

二 相关政策制约了劳动密集型产业的发展

因为缺乏相关政策,我国的劳动密集型企业的发展较为缓慢。下文具体分析由于政策的不足,对我国劳动密集型企业发展的影响。首先是激励性政策不足,这主要表现在不健全的社会化服务体系。对下岗失业人员,目前我国的激励性政策力度较小,在再就业范围内,仅仅只停留在税收减免以及工商登记,而且只针对新办特定企业与个体经营户。虽然某些地区会出台一些失业人员的扶持政策,但对象范围受限过多,比如只针对某些传统的服务型企业下的国企下岗员工。所以,这些激励性政策也只是形同虚设,从一定程度上阻碍了企业的发展。劳动密集型中小企业需要提供技术支持、员工培训等多种服务,但是很显然,这一体系尚未完全被建立起来。劳动密集型产品出口必然会受到更大的阻力,在国际社会当中除了设置技术(绿色)壁垒、实施反倾销手段之外,SA8000 标准已然是得到了国际社会的广泛认可。其所涉及的内容包括了环境保护、公益事业等在内的多方面,也正是因此,对于广大的发展中国家而言,劳动密集型产品出口就会遇到更大的困难与阻力。

三 混淆了技术创新和价值创新理念

现如今,我国的劳动密集型产业数量仍然十分众多,大部分的企业通常都是在实施技术创新战略,往往这个时候总是容易将价值创新战略忽略,此时的战略重点就落在了提升产品的技术含量这一方面,而产品的性能和产品的功能则没有做出任何改变或提升。这一种错误的认识使得企业完全患上了"营销近视症",一些企业产品便会出现产能过头与功能过剩这一种情况,也就是设计的产品功能根本与消费者的使用不挂钩,这就造成了产品能源的巨大浪费。假如企业过度生产，那么此时所耗费的产品成本只会遏制企业的发展，这样的一种创新只会造成企业成本的增加，为企业增加庞大的负担。大部分的劳动密集型产品都是日常生活用品，所以在进行产品创新的时候一定要尽可能地将用户本身的消费能力考虑其中，最终实现产品的价值创新①。

劳动密集型产品所具备的市场竞争力并不在于"撒手锏"，价值创新才是企业坚持的根本。价值创新战略主要是针对企业来谈，将技术创新与产品效用、技术创新等充分结合，最终创造出一个合适的产品成本和价格。当企业成本降低之后，就能为客户创造出适当的价值，从而将"价值—成本"这一关系全部打破，此时的企业价值和客户价值也会得到同步提升。"剔除—减少—增加—创造"式的生产模式一旦沿用，那么竞争因素下降的同时，市场需求也会不断变大。

四 劳动密集型产业投资逐渐萎靡

重化工业在发展的过程当中，传统劳动密集型产业投资市场已经逐渐萎缩，相较于我国经济发展而言，早已经步入了一个全新的阶段。2003年，包括汽车、钢铁等在内的多个产业的重化工业增速逐渐加快，占总量比重正处于明显的上升状态当中；这些资本密集型产业的增长形势较为不错，比纺织和文体用品制造等劳动密集型产业发展速度快许多。在可预见的3—5年，传统的劳动密集型产业可能会出现投资萎缩②。与此同时，这些部门的就业需求就会逐渐地减弱，在劳动密集型产业当中，集群产品在生产过程当中需要耗费大量的劳动力。而生产出来的产品大部分都是用于日常，即使不是日用品，也是由五金加工、机械加工行业等生产出来的产品。中国拥有众多的人口，是一个拥有劳动密集型产业的发展中国家，产品特性为中国提供

---

① 安同信、范跃进等：《新常态下中国利用FDI促进产业转型升级的障碍与对策研究——基于日本、韩国的经验》，《济南大学学报》（社会科学版）2017年第1期。

② 张耀辉等：《中国劳动密集型产业发展战略研究》，经济科学出版社2006年版，第25—115页。

了更多更为有利的支撑，国人的人均可支配收入能够很好地引导个人的消费方向，在经济大力发展的同时，人均可支配收入也会得到明显的提升。

为此可以推断，随着人均可支配收入的增加，人们的需求档次就会提高。这将为劳动密集型产业集群发展提供强大的国内需求，同时刺激集群企业改进和创新，有利于劳动密集型产业集群向着高附加值产品和服务升级。

第四章 中国劳动密集型产业存在问题的原因

第一节 从国家的角度分析中国劳动密集型产业存在的问题

一 国家扶持政策不到位导致劳动密集型产业发展过程中矛盾突出

发展劳动密集型产业是我国基本国情所决定的，我国政府对劳动密集型产业的发展比较关注，制定了相关政策，以此保证劳动密集型产业能够快速发展。对我国政府关于促进劳动密集型产业发展的对策进行探究分析，主要包括以下几个方面。

第一，通过发展经济、调整结构，积极创造劳动密集型产业发展空间。从确保经济增长速度来实现对就业的拉动，以发展第三产业，放开服务业市场，制定社区服务、餐饮、商贸流通、旅游等行业的扶持政策，实现有利于就业的经济结构调整。结合政府改革与社区服务功能建设，大力开发社区公益性劳动就业岗位，把提高公共服务水平与发展劳动密集型服务产业结合起来，积极创造有利于劳动密集型产业发展的空间。

第二，发展劳动力市场，引导劳动力资源合理配置，实现劳动密集型产业市场化发展。培育和发展劳动力市场，通过建立市场导向的就业机制和协调推进社会保障制度、住房制度、户籍制度等项改革，使劳动力市场机制发挥越来越大的资源配置的基础性作用。政府鼓励和规范民办职业介绍机构的发展,强化再就业技能培训,为再就业者提供职业指导、就业信息服务和一次免费的职业培训机会;通过税费减免和小额担保贷款扶持政策,鼓励下岗失业人员自谋职业,对从事个体经营者,实施三年内免征有关税费,对下岗失业人员自谋职业和自主创业提供小额担保贷款,由政府建立担保基金、提供财政贴息,来促进失业者的创业积极性;在社区开发公益性岗位安排原国有企业的大龄就业困难职工就业,政府给予社会保险补贴和岗位补贴;对国有企业下岗失业人员自谋职业和自主创业,在有条件的地方设立专门窗口,实行工商登记、税务办理、劳动保障事务代理等"一条龙"服务,通过培养创业带头人带动更多人就业[①]。

第三,结合城市化政策和外贸政策,推动劳动密集型产业发展。坚持走大中小城市和小城镇协调发展的中国特色城市化道路,统筹城乡经济社会发展,调整农业和农村经济结构,扩大农村就业容量,采取多种措施推动农村富余劳动力向非农产业转移,通过努力提高劳动密集型产品的出口竞争力和市场占有率,以保持和增加国内就业岗位。合理引导外商向劳动密集型产品或劳动密集型与资本密集型相结合的产业投资,尽可能多地增加就业岗位。积极实施"走出去"战略,努力开拓国际劳务市场。

第四,规范用工制度,建立公共就业服务体系,促进劳动密集型产业发展。2002年8月,中国颁布了《中小企业促进法》,成为规范和推动中小企业发展的重要法律依据。发展灵活多样的就业形式,制定非全日制用工、临时就业人员医疗保险等政策,在劳动关系、工资支付、社会保险等方面建立制度,保障灵活就业者的合法权益。

劳动密集型产业在我国政策扶持之下,快速地发展起来。然而相关政策也存在一定的弊端,使得劳动密集型产业发展与我国的就业政策、区域发展政策等产生了一定的矛盾,以此制约了劳动密集型产业

---

① 易鸣、张伟:《区际产业转移的动因分析和政府的工作定位——以广东珠三角为例》,《科技管理研究》2009年第4期。

第四章　中国劳动密集型产业存在问题的原因

的发展。对存在的矛盾点进行归纳总结，主要包括以下几个方面。

1. 有关就业政策问题与矛盾

就业政策措施以稳定为前提，在解决历史遗留问题、确保经济环境健康方面起到了至关重要的作用。但是，随着经济的发展，也积累了很多深层次的矛盾，主要表现为就业目标与发展劳动密集型产业目标的政策矛盾。解决就业问题的根本出路是让劳动力参与产业活动，因此，需要通过扩大经济总量来吸收劳动力。如果以解决就业为第一目标，就需要经济政策不断推动经济增长，使经济长期保持较高的增长速度，这种以需求扩张来维持就业吸收的政策目标，可能会在短期内推迟经济结构调整、降低经济结构调整的压力，从长期来看，这并不有利于就业。一方面，由于经济发展的阶段性，当经济增长到一定水平以后，必然会转向以资本要素为主的产业结构，这种结构会排斥劳动力要素的使用。为了保持经济增长速度，就需要通过资本投入来推动，由此造成经济结构倾向于资本密集型。另一方面，解决就业短期目标与劳动就业参与率、技术创新等长期变量的调整之间存在着矛盾。在市场信号不利于劳动力就业情况下，劳动参与率会下降，这样会减轻就业压力；技术在长期中会适应要素结构变化，使要素得到充分利用。但如果时间较短，技术难以做出灵活调整，满足同样的市场需求而投入劳动力的比例不会增长，劳动密集型产业发展缺少技术支持，解决就业目标就不能实现。过多地强调短期目标，用需求扩张来刺激经济增长，会削弱技术适应要素禀赋的变化、产业结构对要素禀赋的适应能力和就业参与率对劳动供求的反应能力。产业结构变化、技术结构变化以及劳动供给变化，在很大程度上受到市场信号的引导，并且这是解决就业的根本手段。当市场信号被弱化，即使政府在主观上愿意发展劳动密集型产业，但受到市场的引导，这种愿望也难以得到落实。珠江三角洲出现的用工荒，迫使很多企业转向了资本密集型产业，很多企业进行内部更新改造，报废了以前多用人工的生产线，转而使用多用设备的生产线，原来在生产线上使用10个人，现在只用1个人。在这种情况下,政府只能顺应市场的要求①。

2. 发展服务业与发展劳动密集型工业之间的矛盾

服务产业是劳动密集型产业的重要组成部分,但服务产业的发展是以工业发展为基础的,如果工业不能得到发展,服务产业发展的基础就不会很牢固。虽然发展服务业与发展劳动密集型的工业都可以解决就业问题,但是没有工业作为基础、单纯发展服务业只能是良好的愿望,难于成为现实。从工业进程来看,轻纺产业是劳动密集型产业,它会在工业化初期得到快速发展。但随着经济发展,这一产业会被加工产业、进而被重化工业所取代。长期以来,中国受到传统工业道路的影响,在解决富余劳动力问题时,政策的主导思路是依赖服务产业发展,几乎所有地区的就业政策和产业发展规划都有发展服务产业的内容,从实际效果上看,这种就事论事的政策难以从根本上解决就业问题,甚至可能会成为中国经济发展的障碍。近年来,不少地区政府提出了发展服务业,特别是公共服务业,这种思路具有一定的操作性。但是在目前中国政府财政不能得到有效监督的情况下,以扩张公共服务来增加就业,会加重财政负担,降低财政效率,与经济社会发展水平相脱离,出现服务过度,这也不利于经济整体良性发展。发展服务产业的政策与发展工业的政策之间不协调,不仅限制了服务产业发展,也在很大程度上难以为工业发展提供一个可靠的产业发展环境。

3. 政府过度地代替市场与保护失业者的矛盾

就业问题经常以公众直接利益体现出来,往往影响到政府的信誉,因此,政府经常会把很大精力放在缓解就业压力上。最直接的做法是通过政府扩大支出的方式安置失业者来增加就业。这种做法是在强制地增加政府的责任。虽然政府为了追求社会稳定,求得和谐,但实质上却让市场失去自动调节的能力。在人们受到政府关照以后会产

---

① 孙健健:《浅谈珠三角制造业转型面临的问题及措施》,《中国商界》2010年第8期。

生下列不良现象。一是对政府的过度依赖。由于政府过多承担责任，会使失业者自动免除了寻找工作、提高人力资本的费用，且对政府提出的要求会不断提高，并且会越来越多地依赖政府。二是造成失业者之间的不公平。政府所能够掌握的公共资源和工作岗位是有限的，当部分人得到岗位以后，再出现失业就难以安置，而原来已经进入者不能退出，这时会造成先失业者与后失业者的不公平。三是以权谋私现象。政府安置性的工作，多是以权力方式分配工作岗位，在人们争取这些岗位时，可能会向权力控制者行贿，权力控制者的私利会激发人们对政府权力的向往。四是政府对失业者的安置或者对失业者的各种保护，都会提高社会成本。例如，在企业改制过程，强制要求投资者解决失业者工作问题，提高了企业成本；下岗失业者长期滞留在家里，不去寻找工作，等待政府救济，一方面增加了社会的负担，另一方面也大大破坏了人力资本的形成条件，包括人力资本的直接磨损——意志消沉、技能丢失、知识忘却、体力下降，也包括无形磨损——相对产业变动而言的技能和知识过时、群体配合衔接能力下降、文化排斥和错位、社会关系中断等。按回滞理论，长期失业会导致高失业，而高失业会增加社会成本，造成社会损失。按搜索理论，失业现象是岗位搜索现象，由于政府保护，失业者的责任心下降，失业期间的成本降低，理性的失业者会延长工作搜索时间，这会导致包括失业时间在内的失业总量增加。

4. 发展劳动密集型产业与区域经济发展之间的矛盾

中国劳动力普遍富余，改革开放以后，劳动密集型产业的发展主要集中在东南沿海，伴随着中国经济的发展出现了国内劳动力向东南沿海迁移、集中的情况。从要素禀赋上看，东南沿海与内地应该同步发展劳动密集型产业，但实际上，内地只有劳动力，而缺乏东南沿海的交通优势，包括毗邻港澳台地区、大型出口码头和海上运输能力，开放的市场环境和灵活的政策环境，长期以来形成的开放性的文化，以及由华人、华侨等特殊群体引导的先期投资者和企业家。在我国劳动力要素禀赋十分明显的条件下，出口的要求十分强劲，东南沿海的优势更加明显，因此，尽管内地有劳动力优势，却没有变成发展劳动密集型产业的优势。随着东南沿海地区土地资源大量使用，土地成本提高，交通便利的比较优势为成本提高所抵消，依赖外地劳动力进入的优势也因为劳动力自主回流而正在逐渐消失。不发达的中国中西部地区对东南沿海进行制度和政策模仿使其市场运营能力在不断加强，这种政策促使东南沿海劳动密集型产业向内地迁移[①]。但是，东南沿海各地并没有作好产业升级的战略准备，正在面临经济增长速度相对下降的困难，在政策上，对劳动密集型产业以后的产业方向摇摆不定，市场也没有来得及完成探索。为了减少由产业战略空白造成的损失，出现了东南沿海与中国中西部地区同时出台发展劳动密集型产业的政策，形成区域间的产业争夺，在很大程度上加剧了区域间的矛盾。劳动密集型产业肯定要向内地转移，但这一时间何时到来、何时结束，东南沿海用什么产业来弥补接续，中西部地区如何引导，通过什么政策和什么路径实现，相关政策研究还相当薄弱和缺乏系统性成果，在战略上，对中国的东中西部劳动密集型产业的安排也缺乏预见。

总之，从市场角度看，中国发展劳动密集型产业的环境比较有利，但从政策角度看，中国发展劳动密集型产业受到多方面影响，甚至在一定程度上限制了劳动密集型产业的发展，需要有立足于我国整体利益的长期战略安排和相应的政策。

二 国家产业转移政策使得劳动密集型产业在发展中缺乏优势

我国劳动密集型产业在发展过程中，对于区域性均衡发展的依赖性比较大，将不同地区劳动密集型产业与当地的劳动力要素相结合，不断地消除二元经济结构。对我国而言，发展劳动密集型产业是工业化发展的必然阶段，将劳动密集型产业与技术密集型产业相结合，提

---

① 张震宇、魏立华：《转型期珠三角中小城镇产业发展态势及规划对策研究》，《城市规划学刊》2011年第4期。

高劳动密集型产业的附加值。我国不同区域产业发展不同，在我国东部地区发展劳动密集型产业的同时，我国的中西部地区还是以农业生产为主，这样就导致东部地区产业向中西部地区转移的动力，也为东部地区产业提升创造了条件。也就是说，由东部地区推动产业升级与中西部地区产业升级可以通过区域间产业转移政策实现，两者具有相同的方向和内容，互为条件，因此两者可以有效地结合。我国政府为支持劳动密集型产业的发展，不断地出台各种产业升级以及转移政策，对其进行分析，主要包括以下几个方面。

1. 东部地区产业升级政策

以广东为例，21世纪后，广东产业政策逐渐发生转变。首先，在推动高新产业方面连续出台新的政策，使原来对高新产业发展的促进政策更加完善。这些政策主要包括以电子设备制造及软件产业发展为代表的信息产业政策，以软件产业政策和电子设备制造产业政策为核心形成科技、财政、金融、土地政策体制；以推动出口产业升级为主要内容的产业政策，其目的在于推动出口产品增加附加值；以鼓励机电、电子产业出口代替纺织品出口政策为导向，以出口退税政策为主建立政策体系；以推动其他高科技产业发展，如海洋产业、新材料产业、新能源产业，以科技扶持政策为主，目前还没有形成完整的政策体系，也没有形成产业规模。这些产业政策对广东省提高信息产业比重、增加高新产品出口份额产生了重要作用[1]。

但是，广东高新技术产业发展却不像预见的那样发展顺利。一是高新技术经费占增加值比例下滑，技术密集度不高。广东省开始向装备产业发展，产业发展政策也开始向装备产业倾斜，这可以从广州、深圳产业发展目录中得到体现。与此同时，出台了有限度地出口鼓励政策，广州市出台了高消耗和低附加值出口产品的反征税政策。这些政策的探索在一定程度上表明，广东正在寻找新的产业发展方向，但

---

[1] 彭连清、詹向阳：《沿海地区产业转移与欠发达地区农村劳动力转移模式的演变——以珠三角为例》，《当代经济研究》2007年第5期。

是广东产业升级却面临着其他地区的冲击。长江三角洲不仅在信息产业方面吸引走了相当一部分广东企业,在装备产业方面也处于优先地位。这种状况使广东在产业政策选择上出现了困难。

但是,产业转移并不因产业政策的不明确而中止,在很大程度上,产业转移是企业追求利益的结果。如果劳动力成本提高,其他成本的节约还不能弥补劳动力成本的提高,或者其他成本也在提高,劳动密集型产业的转移是不可避免的。产业升级是要素成本变化所推动的,因为只有产业升级才有可能带来更高收益以弥补成本的增加,但同时,成本上升会推动产业流出,或者其他地区存在着更低要素成本和与市场接近等利益,也会吸引产业流出。如果发生产业流出,而不能形成产业升级,便会出现产业空洞化现象。广东如果不能尽快地形成产业升级的战略思路,特别是利用前期形成的高新产业基础发展新的产业,以弥补由于高成本推动的产业转移所留下的空间,就有可能出现产业战略空白期。一旦出现地区性的产业战略空白期,不利的市场信号会诱使经济进一步衰退,地区经济将面临巨大的风险。

2. 区域间和区域内产业转移政策

区域间的产业转移政策可以分为拉动政策和推动政策,在区域内部除这两种政策外,还有政府协调政策。拉动政策是指产业输入地制定的产业发展政策,旨在将外部产业吸引到本地区,在中国经常具体化为招商引资政策;推动政策则是指产业输出地区制定了产业向外部转移政策,主要是用产业升级政策来体现的。对产业转移现象来说,这两种政策并没有本质上的差别,这是因为产业转移是企业在空间上进行选择的行为,由于企业利润由收入减成本构成,用利润增长方式描述,即利润增加=(新收入-原收入)-(新成本-原成本),当收入不变,成本下降(新成本-原成本)小于零时,利润增加;当成本不变,收入增加(新收入-原收入)大于零时,利润增加;当收入增加>成本增加时,利润增加;当收入减少,但成本下降很多时,利润增加。企业在产业转移中主要是通过绝对收益的比较进行判断的,所以,当原成本上升,即使其他地区没有产业政策,只要有较低的要素

第四章 中国劳动密集型产业存在问题的原因

成本，出现了（新成本−原成本）远小于零的条件，就可能形成对产业的吸引，如果又有产业政策的推动，这种趋势就会得到强化。在自然条件和市场条件不变情况下，产业输出地制定的措施增加了企业成本，如征税，或者产业输入减少企业成本都可能带来产业转移[①]。

产业输出地提出产业转移推动政策往往是基于本地区要素供求环境提出的，是因为在发展空间上存在着机会成本，它包括污染过大造成的代价和新产业形成所需要的要素难以提供，使产业发展失去机会。如果这些地区愿意忍受代价和不能找到可以替代的新产业，则产业输出地区不会出台推动产业转移的政策。地方政府实质上经常面临着两难选择，政治风险规避的潜意识与财政预期都要求产业稳定，而新兴产业能否顺利发展也经常使政府犹豫不决，在操作上存在着先发展新兴产业再转移传统产业的次序问题，但是如果空间已经饱和，则存在着无法发展新兴产业的问题；相反，如果空间上没有饱和，也不会出现推动产业升级的成本信号。这些都使地方政府在制定政策时陷入两难境地，也是我们经常见到一些地区花很大力气挽留产业的原因[②]。但如果地区政府预见到未来产业的竞争力下降，甚至不能转移出去，会在本地区死掉，也可能会提出产业转移政策。在十几年前，珠三角地区挽留下来的产业很多已经在当地死掉了，现在这些地区吸取了教训，对那些应该转移的产业采取任其流动的政策。产业转移的推动政策主要在于产业输出地区的政府是否明智，是否能在没有产生危机和灾难到来之前，就能够预见到产业的未来，并提前采取措施。

产业输入地区的产业转移拉动政策则往往是因为需要新的产业代替原来的产业，促进本地区产业升级。由于产业总是从少数发达的中心地区向周边扩散，这样会在产业转移过程中出现产业摊薄的现象，也会出现制造政策洼地效应以开展产业争夺，在中国这些现象十分普

---

① 吴翌琳：《珠三角地区转型升级路径的实证研究》，《调研世界》2014 年第 6 期。
② 胡春林：《珠三角地区产业结构服务化转型的战略思路》，《特区经济》2011 年第 11 期。

遍，并且出现了转移后的产业长期不能发挥作用的情况。一些地区在策略上采取集中引进，即对配套企业和主导产业同时引进，并且是从不同地区进行引进，以配套企业的规模化和低成本来吸引产业转移，即形成点对点转移，对参与转移的企业和地区都十分有效率，这一经验值得推广。

区域内产业转移是基于区域内经济发展不平衡的纠正，把区域内某些需要转移出去的产业转移到相对落后地区，这需要不同水平地区间的政策协调，相应的产业政策是指对输出、输入地产业政策同时加以控制，把"推"和"拉"的政策结合起来。广东改革开放的成果主要集中在珠三角地区，虽然经济总量上得到了发展，但地域分布不均衡。以高新产业为例，在21个城市中，深圳、东莞、广州的总产值就占了全省高新技术产业的73.8%，珠三角地区则占了97.9%[①]，这种高新技术产业地域分布的高度集中性将不利于产业的全面协调发展。为此，广东出台了对口支援的产业转移政策，产业输入地积极性较高，产业输出地积极性较低，部分政策得不到落实，企业对此反应也比较冷淡。中山市为了解决自己土地不足和促进产业转移，在对口支援地揭阳市购买土地，由火炬开发区经营，但经营效果远低于转出地区。产生这一结果的原因来自于政府对市场的替代，由于政府的援助行为，所以会造成产业输入地的依赖，企业积极性难以通过持续的利益得到调动，甚至还因为当地政府对上级政府的依赖而对企业实施干预，另一原因是企业无法对用工环境做出选择，受到内层收入传播效应的影响，闲置的劳动力并不愿意以低工资从事工作，劳动力成本并没有明显下降。

区域性产业政策的滞缓，造成了广东省经济增长乏力。2005年第一季度广东省经济明显下滑，其重要原因是产业结构面临重要调整期。一方面，广东长期依赖的劳动密集型产业，从日用品到家用电器直到新出现的IT产业，虽然多年来政府一直着力推动产业升级但产

[①] 赵玲玲：《珠三角产业转型升级问题研究》，《学术研究》2011年第8期。

业的性质并没有发生过大的变化,组装加工的技术特征十分明显[①]。随着 IT 产业趋向饱和,组装加工产业正在面临寻找新的产业发展机会的问题。从要素成本角度考虑,受到"用工荒"的影响,存在着劳动力成本上升压力,主要表现为找不到合适的工人,在工人替代过程中,存在着产品质量下降、不合格率提高、消耗和浪费增加以及开工不足等现象[②]。原来 IT 产业快速增长的珠江东岸,因土地资源稀缺,土地价格上涨而使投资面临巨大的限制。相比之下,内地很多地区资源丰富、闲置劳动力较多、政策优惠明显,尤其是以市场为导向的产业转移可以让产业自由选择,而不会造成具有扶贫和援助性质的产业转移对政府的依赖,也不会因为缺少选择而导致用工等方面的高成本。广东等沿海地区的劳动密集型产业向内地转移的趋势不可避免。

区域内产业政策还可以通过内部升级方式来实现,即在没有发生产业转移的前提下,只通过产业内部调整就实现了产业升级。在现代技术发展和世界经济一体化环境中,出现了轻纺、轻化工业内部升级的现象,例如制酒业从低技术含量逐步发展到具有极高品牌价值的高技术含量产业,再如制衣产业,从一般服装生产到名牌服装生产,文化内涵大为增加。也就是说,可以通过深化劳动密集型产业的技术和文化内涵来提高产业的技术、文化含量,延伸产业链条,也可以达到增加产业附加值的目标。随着人们生活水平的提高,对传统产品的技术、文化含量的需求也不断增加,同时随着技术的成熟,成本不断下降,甚至低于传统生产方式下的产品价格,这样传统产品几乎没有了市场空间,因此,也不存在着传统产业的空间转移,只有传统产业的本地区升级。行业技术变化越快,产业转移的机会越小。

3. 区域间劳动密集型产业转移政策

与香港和台湾地区产业向内地转移过程不同,当年中国大陆改革

---

① 邵俊:《传统劳动密集型产业转型升级路径初探——以江苏扬州玩具产业为例》,《消费导刊》2014 年第 2 期。
② 胡春林:《珠三角地区产业结构转型研究——基于人口老龄化背景》,《当代经济》2011 年第 19 期。

开放引起了生产效率的迅速提高，吸引港台地区产业大量转移；但今天从沿海向内地转移产业的动力主要是沿海地区发展劳动密集型产业的优势正逐步下降，而不是由于中西部地区要素成本突然下降。如果说开放形成了产业转移的"拉"的效应，那么，现在从东南沿海向内地转移的力量主要基于"推"的效应。

按梯度转移理论，东部地区产业应同步向中部地区转移，再向西部地区转移，但东部地区内部转移与向中西部地区转移同步发生，甚至东部地区内部转移的动力更加充足，即从珠三角向长三角转移，进一步可能向渤海区域转移。其原因是除劳动力成本因素以外，还有集聚效应与中西部地区存在较多的政策障碍有关，所以当长三角在某些方面优于珠三角时，就促成了产业在区域内部的转移。这种内部转移的格局并不一定有利于整个国民经济的发展，相反，还会造成巨大的财力浪费。为了推进劳动密集型产业向中西部地区转移，需要考虑下列政策。

第一，加快投资环境的改善，以吸引沿海地区产业的转移。仅有大量的廉价劳动力，但是缺乏良好的投资环境，是无法吸引到大量企业前来投资的。西部地区一方面要转变政府职能，改善投资软环境，通过拓宽区域优惠政策范围、规范部门管理、简化办公程序、转变工作作风等逐步改善区域产业转移的人文环境、政策环境和服务环境；另一方面又要通过多种渠道筹集资金，切实加强水、电、路等基础方面的规划和建设，改善投资硬环境。一些地区对劳动密集型产业给予资金支持和税收支持，这样做可以给企业一定帮助，加强了对这些企业的吸引能力，通过对提供较多就业机会的劳动密集型企业给予就业补贴，这也是许多国家采取的一项有效制度，是一条可借鉴的成功经验，以此多投入诱使企业多使用劳动力，通过劳动力参与实践形成人力资本，再通过财税政策获得收入。国外这样做的原因是税收以个人所得税为主税，鼓励企业使用劳动力的补贴可以通过个人所得税收回，这对中国不太适合。对企业来说，往往是因为原来产业环境包括政府过于熟悉，打交道的成本很低，特别是对一些地区政府效率低下的惧怕而不愿意转移。中西部地区政府对经济管制程度较高,大量的惯例不适合市场经济,因此提高政府管理水平,以适应市场经济要求应成为吸引东部产业的当务之急,这也是东部地区产业向内地转移过程最为担心的因素。除此之外,如果西部能够对劳动密集型企业所需关键技术的研究与开发,通过政府设立专项资金给予扶持,以奖励其对就业的特殊贡献,也可起到吸引东部地区产业进入的作用。

第二,加快中西部地区小城镇建设的步伐,为农村劳动力与东部产业转移提供结合的空间。相对于大中城市来说,小城镇的土地成本以及其他成本较低,如果具有较为完善的基础设施以及良好的投资软环境,无疑对于劳动密集型的中小企业具有更大的吸引力。对于广大的农村劳动力来说,小城镇的建设也为当地农民的转移提供了便利条件。我国的国有企业改革、机构改革产生了大量的下岗分流人员,这些劳动力主要集中在大中城市,再加上城市每年增加的劳动力,城市工业已经很难为外来务工者提供充分的就业岗位。而农村劳动力向小城镇转移时,劳动力的组织能使农民的生活方式尽可能少改变或改变不够突然,这就使得许多农民更愿意向小城镇集中,因为这样对他们的生活方式的冲击相对较小,从而减少了劳动力转移的成本。小城镇的建设成本不大,技术含量和资本投入也要远低于大城市,所以,在小城镇安排劳动力的费用也会比大中城市低。农民在小城镇中投资、居住、就业,有了稳定的住所和就业机会,并有了相当的与小城镇居民相适应的社会保障之后,其对土地的依赖将会减弱,从而真正从农村中转移出来。

第三,大力发展教育事业,加大对中西部地区人力资本的投入力度。中西部地区农村人力资源的总体质量决定了中西部地区劳动力转移的长期趋势,如果农村劳动力的基本素质和工作技能不能较快地得到提高,农村劳动力向第二产业转移,与劳动密集型产业结合就难以实现。对中西部地区劳动力的教育投入和培训,不仅能够直接使劳动力素质得到提升,而且还可以形成较高的外部性,使劳动力流动更大,择业范围更宽,从而增长产业发展的弹性。对教育事业要实行多管齐下、长短相结合的策略。首先,要继续严格落实包括农村在内的9年义务教育,并要尽快普及高中教育,实行12年义务教育制度。增加国家对中西部地区教育投入的财政预算,从教育制度上消除东西部差别,扩大农村学生学费减免的比例。其次,实施补贴性的农村职业技术教育,职业技术学校应发挥这方面的主渠道作用。政府应重新审视有关农村职业技术学校的资金投入、学校规模、社会地位、专业设置、教师配置、学生就业等政策,对职业技术教育进行足够的重视。另外,各类职业技术学院、各高等院校的成人教育学院或部门都应加入到这一培训队伍中来,各高校应主动在人力资源、技术设备、教学设计等方面给予职业学校以支持。再次,要大力开展农村职业技术培训,为农民走出土地重新就业创造条件。地方政府要大力支持、鼓励和引导,采取由政府、教育部门和农民个人各出一部分资金的办法,进行相关的技能、技术培训,并通过验收考试、核发技术资格证书。此外,还要积极为企业家脱颖而出创造条件和社会氛围,建设人人奋进的创业文化,把东部地区吃苦耐劳、不怕风险、勇于创新的精神通过产业转移传递到西部,同时西部地区也应着力培养这种文化土壤。

第二节 从企业的角度分析中国劳动密集型产业存在的问题

一 企业管理机制存在缺陷

对我国劳动密集型企业进行分析,除了具有一定的区域性特征外,还具有一定的家族性。我国劳动密集型产业多数都是以中小企业为主,属于家族性生产企业,大规模劳动密集型产业所占比例比较小。而对于中小企业而言,在管理过程中存在着一定弊端。对其进行归纳总结,其主要包括以下几个方面。

第一,管理理念不够先进,比较落后。目前,大多数劳动密集型产业在管理过程中依旧采用了传统的管理理念,不能够做到与时俱进，在生产管理中过分地注重经济利益，而忽略了社会效益等方面的建设。这种小型劳动密集型企业对于企业内部管理重视度不高，进而导致企业运作比较粗放。

第二，劳动密集型产业人员管理不够科学。对于劳动密集型产业而言，人力是主要的生产要素，如何能够达到员工的满意度，避免人员流失十分关键与重要。如今，人力资源管理水平逐渐完善与成熟，绩效管理理念应用到各大企业管理之中，使得企业职工越来越受到重视。但是对劳动密集型企业而言，对人员管理比较忽视。大多数企业都缺少绩效考核理念，或者是绩效考核不公平现象，人员能够获得的工资比较低，在工作过程中，企业不注重员工心理问题的发展，忽略职工心理需求，这种人力资源管理的缺陷，导致劳动密集型企业的人员流动性比较大。

第三，劳动密集型产业的营销方案规划不合理。对于劳动密集型产业而言，主要是依靠劳动力完成企业的生产任务。大部分中小型劳动密集型产业在生产过程中，不注重品牌的规划发展，相对而言，客户比较稳定，企业对于新客户的开发不够重视，未能够充分利用市场营销理念制定营销方案。

第四，不注重互联网营销发展。对劳动密集型企业而言，在企业管理过程中，并不注重互联网营销渠道的发展。劳动密集型企业对自身进行定位时觉得自己的档次没有其他产业高大上，因此，在企业管理过程中，不注重创新意识的培养。如今，互联网营销已经逐渐地成为未来的发展趋势，网络购物已经成为人们购物的习惯，劳动密集型产业若是不能够及时进行转变，那么将会严重阻碍自身的发展。

从上述分析可以看出，目前我国劳动密集型企业在发展过程中，管理机制存在着一定的缺陷，这种缺陷严重地制约了劳动密集型产业的扩张以及发展。

二　企业管理者对行业转型的认知受限

对我国劳动密集型产业发展的类型进行分析，主要是实业产业，包括服装、塑料、元器件制造等相关产业。部分劳动密集型产业主要是赚取产品的差价等，而忽略了产品品牌的价值。劳动密集型企业多数都属于中小型企业，企业的管理主要是由某个人决策，其他人员只要服从领导便可以，对行业转型的认知存在不足。以广州市劳动密集型中小企业为例，对于行业转型的认知进行调查，其中仅仅只有9%的劳动密集型产业正在进行转型，有25%的企业考虑是否需要转型，而有66%的受访企业表示目前的经营情况比较乐观，短时间并不想要进行转型发展[1]。从调查的结果中可以看出，目前我国大部分的劳动密集型产业在发展过程中，并没有关注于企业的转型发展。劳动密集型企业在发展过程中，多数还是经营传统的实业，不利于企业规模的扩大发展，对当地市场经济的快速发展产生了一定的阻碍作用。

对我国劳动密集型产业而言，加强对服务行业的转型势在必行。但是，对目前劳动密集型服务行业而言，由于企业对其管理不够重视，导致服务行业存在着一定的诚信障碍，诚信建设不足，同样直接影响了劳动密集型产业的发展。受传统管理方式、传统管理观念的束缚，造成对服务产业的歧视。在一些大城市，家政服务方面的诚信导致了家庭在寻找保姆花费的时间长、保持双方的警惕等方面造成双方障碍[2]。雇佣方总是抱怨找不到合适的保姆，不得不等待和不断替换，受雇方为证明自己的诚信也要多费周折。此类服务诚信的问题也延伸到家庭医疗、保险等行业，使服务产业的市场规模不能有效地扩大。

由于我国传统观念的影响，导致我国各大劳动密集型产业对服务产业转型存在着一定的误解，不愿意从事服务行业。转变劳动密集型产业的思想观念，加强转型发展十分重要。

---

[1] 孙健健：《浅谈珠三角制造业转型面临的问题及措施》，《中国商界》2010年第8期。

[2] 田红云：《破坏性创新与我国制造业国际竞争优势的构建》，博士学位论文，上海交通大学，2007年。

第三节 从外资企业的角度分析中国劳动密集型产业存在的问题

一 中国劳动密集型产业没有政策优惠方面的国际比较优势

对我国劳动密集型产业而言,在发展过程中,受到国际上各大标准的约束,抑制了出口量。目前国际上除了设置技术壁垒、实施反倾销手段来限制中国劳动密集型产品出口外,SA8000标准已被国际社会所广泛接受。这一标准是全球第一个可用于第三方认证的社会责任管理体系标准,它规定企业在赚取利润的同时,必须主动承担对环境、社会和利益相关者的责任,其内容包括环境保护、公益事业、健康安全等。尽管该标准的宗旨不错,但它却极易成为限制发展中国家劳动密集型产品出口的工具。据悉,中国出口到欧美国家的服装、玩具、鞋类等产品,均受到SA8000的约束。

与此同时,过度国际竞争导向会降低本国要素禀赋优势。按比较优势理论,国际竞争分工应满足要素禀赋优势原则。例如,美国有人力资本优势,而中国有劳动力资源优势,所以,美国就可以在研发、设计、策划、销售方面获得优势,而中国只能在加工方面获得优势。在市场上,美国产品以较高的知识和技术含量取胜,而中国则是以低价格产品取胜。人们通常会认为各种功能相近的产品会在同一市场上形成不同形式的竞争,但实质上,美国产品与中国产品不可能在同一市场出现,会在各自的优势市场排斥他国产品,并对自己形成保护,这是比较优势的重要体现。但是,如果发展中国家放弃自己的优势,出现了产业选择的战略性错位,便会出现与本国要素禀赋结构相背离的情况,在一定程度上丧失比较优势。为了达到参与非要素禀赋优势领域的竞争优势,必须付出一定的代价去培育新的要素,这样会在要素禀赋创造和维持形成巨大的投入,不仅有可能伤害原来已有的要素禀赋优势,还可能在要素培育过程中形成本国竞争优势的战略风险。

二　中国劳动密集型产业没有成本方面的国际比较优势

我国劳动密集型产业在发展过程中，与国外企业合作，外国企业投资，以此扩大劳动密集型产业规模。但是这种中外合资的劳动密集型产业同样面临着一定的劣势，那就是在发展过程中，会增加劳动密集型产生的劳动力成本，并且还不能够更好地达到国际技术上的转移。

1. 不能充分利用国际技术转移

如果以相同技术水平与发达国家进行竞争，所需要支付的高新技术成本占本国 GDP 较高的比重，这对一个发展中国家来说，不仅难以承受，也会因为没有充分利用国际的技术转移而失去机会收益。如前述，国际的技术转移是市场的自然选择，虽然技术输出国会有一定的政治利益，对输出技术进行控制，但如果过多地违背其经济利益，也会受到市场的否定。利用国际的技术转移，并不意味着我们不进行技术开发，相反，在原有技术基础上进行技术的深度开发，特别是结合我国的要素禀赋和我国市场需求特征进行开发仍然大有可为。从国际技术变化序列看，由于我国的技术水平领先于相当一批发展中国家，并且与他们的技术差距并不大，通过我们所改造或者自主研发的技术，可以对更落后的发展中国家产生影响，同时也会因成本优势形成与发达国家的竞争，形成"飞镖"效应。这就是说，如果不充分利用国际技术转移机制，积极吸收国外先进技术，与本国要素禀赋结合，形成成本优势和相对于发展中国家的技术优势，单纯强调成本优势，或者过度强调技术竞争都可能会伤害本国优势并带来机会损失。

2. 增加了本国经营成本

参与国际竞争不仅要受到技术和成本的影响，还要受到包括国际市场的熟悉程度和国际贸易管理水平、跨国投资能力等因素的影响。长期以来，国际经营被发达国家所垄断，发展中国家很难独立开展国际竞争，特别是在发达国家本土上的竞争，一般都必须借助于发达国家资源，与之整合，开展合作。在缺少独立的国际经营能力的条件下参与国际竞争，会使发展中国家付出很高的代价，大量利润由中间商、品牌商拿走，甚至在国外企业挤压下，没办法实现参与国际竞争的目的。在这种情况下，我国企业在参与国际经营过程中，往往不能以取得利润为目标，而是为了获得在本国的品牌收益与提升国内经营地位。这样，我国企业在参与国际竞争中往往以低价进入，不仅形成较高的经营成本，也带来了越来越严重的国际贸易摩擦。

我国需要参与国际竞争，不能长期停留为他国打工的水平上，要逐渐把竞争的重点从价格竞争过渡到创新竞争上，这应成为我国的长期发展战略。同时，过度地强调技术领先和离开本国要素禀赋参与国际竞争，对我国解决目前的很多困难、利用自己的优势、挖掘自己的潜力，并非是有价值的战略选择。上述这些问题的长期存在在一定程度上阻碍了我国有效地发展竞争优势和具有长期竞争能力的要素禀赋培养，从两个方面形成了我国劳动密集型产业发展的阻碍。从中期看，以适度地参与国际竞争、发挥本国优势为导向，通过发挥优势，提升要素禀赋的渐进创新为主体的战略，应成为我国中期的发展重点。

第四节 从劳动者个人因素分析中国劳动密集型产业存在的问题

一 中国劳动密集型产业劳动者的个人教育水平较低

对我国劳动密集型产业的劳动者进行分析，高学历高技能的人才比较缺失，人员来源主要是农村人口以及城镇的失业人口，相对而言，这部分人口的学历比较低，甚至有些劳动人员处于文盲以及小学学历的状态。对我国劳动密集型产业劳动者的学历进行调查统计，其中文盲占总劳动者数量的12%，小学学历占总调查人数的17%，而本科人数仅占总调查人数的7%，硕士及博士学历占总调查人数的2%①，从调查结果中可以看出目前劳动密集型产业劳动者的教育水平比较低。

对于劳动密集型产业而言，在发展过程中，主要是依靠廉价劳动力而获得利润，想要雇佣低成本的劳动力，那么势必会导致劳动力学历比较低，教育水平不高，劳动者缺少创新意识，工作过程中应变能力比较差，对技术掌握不到位，进而影响了劳动密集型产业的发展。

二 中国劳动密集型产业劳动者的雇佣成本逐渐增加

最近几年，我国的劳动力成本正在逐渐地增加，据《2015/2016年全球50国薪酬计划报告》研究报告显示，和中国不断增加的劳动力成本相比，东盟经济体的劳动力成本更加低廉，而这也令中国的劳动力成本优势正逐步消退。报告显示，中国各个行业的基本工资比印度尼西亚高出5%—44%，而印度尼西亚已经是东盟国家中劳动力成本最高的国家。中国专业人员的平均薪资是越南和菲律宾的1.9—2.2倍。中国初级白领专业人员平均基本工资是2.1万美元/年，较印度尼西亚相同阶层雇员高出30%，印度尼西亚初级白领平均工资约为1.6万美元/年。同样是专业的和中级的管理阶层，越南和菲律宾的平均基本薪资在东盟国家中是最低的，也远远落后于中国。而薪资最大的差距在于中等管理阶层，中国中层高管的薪资比印度尼西亚高44%，两国在高层管理和最高层管理薪资差距分别缩减至28%和5%②。

作为中国首个连接企业绩效和员工异质性的数据库，CEES在广东和湖北两个东部和中部具有代表性的省份开展了2轮调查，收回问卷13941份，企业回答率在80%以上。企业调查覆盖了企业基本情况、企业家特征、生产经营、销售与出口、技术创新与企业转型、质量状况与人力资源七大部分，共计294个问项，1030个变量。劳动力

---

① 李传志、张兵：《珠三角"用工荒"的思考》，《经济问题》2015年第8期。
② 田洪川：《中国产业升级对劳动力就业的影响研究》，博士学位论文，北京交通大学，2013年。

第四章 中国劳动密集型产业存在问题的原因

调查覆盖了劳动力的个人信息、当前工作状况、工作历史、保险与福利、人格特征五大部分，共计246个问项，443个变量。CEES调研报告显示在企业发展过程中，人员是影响其发展的重要因素，如图4-1所示。

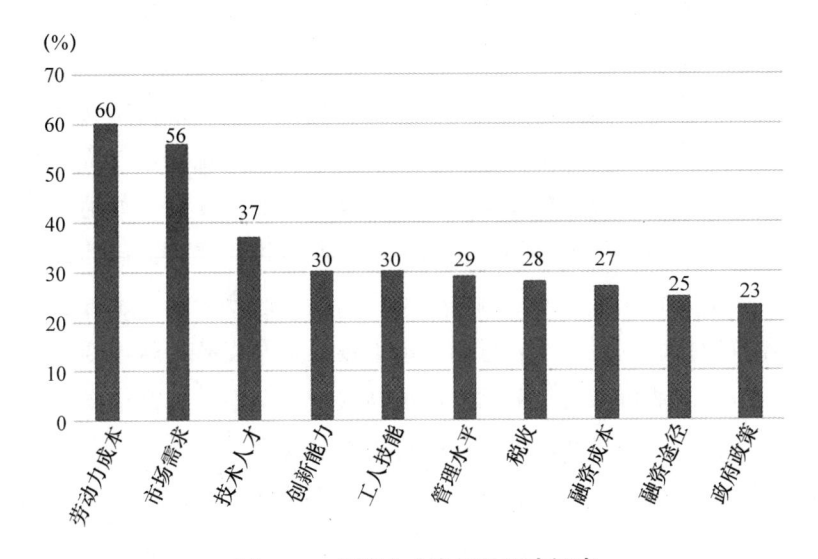

图4-1 妨碍企业发展的因素调查

数据来源：http://www.yicai.com/news/5303193.html。

劳动力成本 60
市场需求 56
技术人才 37
创新能力 30
工人技能 30
管理水平 29
税收 28
融资成本 27
融资途径 25
政府政策 23

CEES调研报告显示，2014—2015年连续工作2年以上的员工，平均工资增长率为5%—8%，新进员工的工资则增长了14.5%。技能型员工中的其他管理人员、技术或设计人员和销售人员工资分别增长了8.8%、7.3%和11.3%，而非技能型员工中的一线工人工资仅增长了6.4%。中高层管理者的实际工资增长不明显，仅为2.4%。大学毕业生的实际工资为5276元/月，较高中学历员工（4168元/月）高27%。

从调查的数据中可以看出，我国劳动力雇佣成本正在逐渐上升，对我国劳动密集型产业发展产生了一定的威胁，高额的劳动力雇佣成本，严重地影响了劳动密集型产业的发展。

第五节　从技术层面分析中国劳动密集型产业存在的问题

一　高成本的先进机器的引入削弱了成本的国际比较优势

技术在本质上是要素结合方式。古典经济学家把技术看成是要素的组合方式并假设要素具有充分的替代弹性，其含义是技术在一定范围具有可变性，表现为给定资本以后，劳动力以一定比例与资本要素配合。但同时古典经济学家又假设技术是外生的，要素自如地进入与退出市场，以适应技术。例如，当一条生产线投入完成以后，资本使用相对固定，企业可以通过调整劳动力的投入改变产量，也可以通过辅助环节调整改变资本投入量和劳动力投入量并保持产量不变。虽然在短期中，企业可以通过劳动力增加与减少来调整，但这毕竟要付出代价，包括资产闲置和辞退与雇佣员工都需要支付成本。同时，我们必须注意到，技术不仅决定了要素比例，更决定了生产方式，增减劳动力并不能改变生产方式，只能让资产闲置，实质上企业应该达到的资本和劳动力的比例没有改变。也就是说，人们选择了技术，就选择了要素结合的比例范围，企业可在这一范围内调整要素比例，但超过了所能够要求的比例，需要调整技术。但是，这一技术又是从哪里来的呢？古典经济学家认为，技术来自于人类发展自发的结果，没有对此给予充分重视。但从长期来看，技术总是要变化的，这种变化不会是偶然的，而是要素比价变化的结果。技术的选择会受到要素市场价格的诱导自发地走向最大效率利用要素，由劳动力边际生产力与资本边际生产力之比等于劳动力成本与资本成本之比决定。当劳动力价格或资本价格发生变化时，会改变劳动力或资本的使用量，即改变劳动力与资本的投入比例，这就要相应地改变技术[1]。由于长期中市场的

---

[1]　王海宁：《比较优势、人力资本与产业结构升级》，博士学位论文，青岛大学，2015年。

主体行为都是理性行为，不应存在企业内部的要素闲置，企业外部的要素闲置会引起要素价格下降，刺激企业多使用这些要素，所以长期范围内一国技术水平是由要素环境决定的。这就是说在长期，技术由要素供求关系决定并具有内生性，一旦技术被决定下来，它就具有体现要素禀赋的特征。

技术的内生性需要有两个重要条件：一是技术供给具有自主性，要求技术供给具有自主性，它可以接受外部技术供给影响，但外部技术必须基于本国要素特征来进入市场，当然如果自主地提供技术，就可完全达到这一要求，技术只是要素供求关系的反应；二是要素市场信息的真实性，要素供求要达到高度市场化，并且能够准确地将要素供求关系通过要素价格表现出来，再通过企业的自主创新来选择技术。但是，这两个条件往往不能同时具备，这就有可能使要素配置比例脱离市场条件，并且往往会因为技术的路径依赖而破坏上述条件。

1. 地区性技术路径依赖

随着东部发达地区要素成本的变化，劳动密集型产业应该及时地转移到中部和西部地区，但事实上却难以做到。原因是旧的技术退出与新的技术引进需要支付成本，产业不能在地区间进行有效转移，即使存在有效的市场信号，也不能改变技术，造成了短期内技术无法灵活调整。地区性技术依赖表达了技术调整成本并不仅仅是技术本身的成本，还涉及使用技术的关联成本，主要是通过产业环境形成的，企业选择技术一方面要看到技术调整给自己带来的节约，另一方面也要看到这种调整带来的成本增加。而且往往是成本增加是短期的、确定的，而成本节约是长期的、不确定的，这样企业在改变技术时会非常慎重，而恰好这种慎重给上下游企业带来了转移成本，从而导致了企业无法通过产业转移获得好处，所以，出现企业宁可背离市场信号的现象。技术与产业间的互动影响阻碍了技术的灵活选择、转移、提升。

2. 后发国家对先发国家技术扩散的路径依赖

发达国家技术不仅具有领先性，还具有探索性和自主性，这种自主性不仅表现在它的知识产权方面,还表现在反映自身的要素禀赋结构方面。而发展中国家技术落后,其技术主要来源于发达国家。如果发达国家的技术可以被近似看成是内生变量,它的成长变化是以要素的优化配置为基础,而发展中国家的技术则是外生变量,它是技术的接受国,发达国家的技术是否与技术接受国的要素禀赋相一致,有着极大的不确定性。

发展中国家还通过其他途径产生对发达国家的技术发展路径的依赖现象。一是技术思路的引导。当技术思路被转化为实际行动时,技术思路具有可行性,将技术思路的不确定消除,人们会不自觉地跟随走到这一思路之上,这种引导作用还表现在被启发、诱导,从而限制了其他思路的形成。二是通过交流、教育和学习形成要素流动,使技术在"干中学"被传播,使那些曾经在开发成熟技术的员工被吸纳到企业过程之中,影响企业技术发展方向,也可以通过交流、相互学习扩大这种影响。三是配件与标准使用。支持技术运行的环境对技术发展有着重要限制,成熟技术以低廉的配件和标准诱使人们使用这一技术,如果脱离这一技术创新就会提高成本。发达国家在上述三个方面对发展中国家产生重要影响,发达国家通过技术强势竞争策略先声夺人、占据先机,影响着发展中国家的技术发展思路,通过留学人员和学术交流传播技术,通过标准策略形成规模经济并迅速占领市场。

3. 我国还没有摆脱对国外技术的依赖

改革开放以来,我国经历了以政府为主导的技术引进和以市场为主导的技术引进战略的转变。虽然政府主导下的技术引进规模大、起点高,但往往重视先进性,或者重视适用性,着眼于技术效果多,着眼于项目本身的效益多,导致了很多引进效益低下。1994年以后,我国技术引进逐步转向为以企业为主,技术引进成为市场行为,技术引进变成了技术模仿、模仿创新直至最终实现自主创新的连续过程,它对中国工业化进程的推进、企业活力的形成、国际竞争能力的构成起到了不可低估的作用,是中国走向开放和实现市场经济的重要组成部分。但是,作为发展中国家,技术模仿比重仍然较大,这就不可避免地受到技术发展路径依赖的影响,使我国的技术发展路径与发达国家接近,偏离了我国要素结构的实际。

在我国现今的技术来源环境下,技术引进对于我国技术结构的构建有着全局性的影响。技术引进可以被划分为成套生产设备引进、关键设备引进、专有技术或专利技术引进、智力引进或技术人才引进几种模式,也可以简单归纳为硬件引进模式和软件引进模式。

技术引进无疑是推动我国技术不断发展的直接力量,然而在取他人之长补自己之短的过程中,我国却没能发挥出自己的优势所在。表4-1所列的各种技术引进方式的比重变化反映了这样一种趋势:纯技术引进比例一直低于50%,但呈现上升趋势;与设备结合的技术引进比例有所下降,但比例仍然很高;与投资结合的技术引进比例迅速上升,投资性的技术引进往往也是靠成套设备引进来实现的。这些都表明技术与要素的市场化结合还远未成熟,我国技术引进受到外国影响还十分严重。

表4-1　　**我国各种技术引进方式占技术引进总额的比重**　　(单位:%)

引进方式 \ 年份	2013	2014	2015	2016
纯技术引进	13.69	14.64	28.06	45.18
与设备结合的技术引进	86.30	81.52	68.64	40.34
与投资结合的技术引进	0.01	3.84	3.30	14.48

数据来源:张耀辉:《中国劳动密集型产业发展战略研究》,经济科学出版社2006年版,第25—115页。

成套设备与技术引进带来了一系列问题:一是长期对国外技术依赖,损害了我国自身的创新能力;二是损失了外汇,对我国来说,环境性和资源性的换汇成本较高,以大量的加工贸易换取的外汇、购买技术,导致了我国资源和环境的损伤,也限制了我国经济的长期发展;三是严重地影响了要素的有效配置。我国人口众多,在要素禀赋概念中,属于劳动力丰富国家。然而大部分技术输出国属于发达国家，它们均属于资本要素丰富国家。在它们的要素禀赋下，它们的技术更偏向于使用其丰富的资本资源而较少地使用劳动力资源。企业技术结构的革新带来了要素禀赋的比率变化，资本替代劳动力的趋势愈加明显。当技术引进到我国，如果只是单一的"拿来"，必将导致资源的不合理分配，在高技术代替人力劳动的趋势下已经越发明显，这种不合理也越来越突出。大规模的技术引进能带来高的生产效率和良好质量的产品，但是却没有能够发挥中国现有的要素优势，没能形成有利于本国要素发挥的劳动密集型产业，我国的丰富资源仍得不到充分利用，这不仅增加了工业生产的成本，更是造成如今就业形势紧迫的一大重要原因。成套技术设备引进可以给生产型企业带来操作上的方便，不会出现所谓的技术不适应性反应，也可以减少技术引进与国内技术的衔接障碍，但却大大提高了引进成本，并会因为外方采取非商业手段对个人利益的诱惑使引进一再出现盲目现象，造成大量的浪费。

二 人才引进难、流失严重

对我国劳动密集型产业而言，在发展过程中主要是以人力为基础，需要大量的劳动人员才能够支撑企业的发展。然而随着最近几年劳动力成本的逐渐增加，以及劳动人员的生活问题越来越凸显，人员引进难度逐渐地增加，人员流失现象比较严重。

与此同时，我国相关人口户籍管理制度对劳动密集型企业招聘人员也产生了一定的制约作用。目前我国政府已经加大了对户籍制度改革的力度，但户籍制度及由此派生出来的各种政策，如福利待遇、子女入学等方面对劳动力在城乡之间和地区之间流动的消极性影响仍然存在。而在不同的所有制之间，由于社会保障体系尚未完全覆盖，许多非公有制的经济组织尚未纳入制度化的保障体系，因此劳动力在不同所有制之间转移时，依然有后顾之忧。以广东为例，打工者到珠三角的迁移成本过高，一定程度上限制了人口的自由流动。打工者除了要向打工当地缴纳管理费，还需要向打工输出地的劳动部门缴纳服务费，这更加重了打工者的负担。中山市的一个镇的农民工管理费，每年可以达到四五百万元。而且打工者必须"证、卡齐备"，否则就要被遣送。一些地方政府出于缓解就业压力的考虑，仍然采取变相地排斥和歧视外来就业人员的政策，如通过各种收费渠道和较高的就业门槛来加大外来就业人员的转移成本、明确规定诸多岗位不得雇佣外来劳动力、以再就业工程的名义和奖惩手段诱导企业用本地失业者替代外来劳动力等。这些都阻碍了劳动者的自由转移和流动。除此以外，政策性因素还导致了城市生活成本的提高。进入城市务工的农民工办理年内有效的《暂住证》《就业证》《健康证》《婚育证》等证件至少要开支几百元。

并且由于受到信息障碍的影响，劳动力需求的区域性和随意性，造成了用工信息的不对称，劳动力流动的方向仅受到亲属就业的启发和带动，在就业领域，呈现亲缘产业化现象。这意味着，只有在相近的亲戚或者乡亲中有人提供信息才能得到就业信息，否则劳动力流动信息就处于封闭状态，这也意味着，吸收劳动力并不是一个有效率的选择，而是相互举荐，并非根据个人才能，而是根据关系远近做出的安排。其次是利益性障碍，异地流动所需要的住房、子女就学、就医等支出的地区差异以及预期支出与实际支出的差异，造成了流动性的障碍，交通费用的支出加剧了经济性障碍。同时进城务工成本不断升高，也形成了利益性障碍。根据调查显示，农民工在城市里用以维持基本生活费用的增长迅速，大大提高了他们进城务工的实际成本。还有文化与语言障碍，方言与文化差异使流动人员不能有效地融入当地主流社会，在参与决策、讨论问题、了解信息等方面长期处于边缘状态。气候差异、民俗、饮食习惯等，也构成了我国劳动力流动的障碍。

第五章　中国劳动密集型产业转型升级成功案例：以珠三角服饰业茵曼集团为例

第一节　茵曼服饰企业的概况

一　茵曼服饰企业的发展历程

茵曼（INMAN）女装品牌主张"素雅而简洁，个性而不张扬"的服装设计风格，推崇原生态主题，主张亲近自然、回归自然的健康舒适生活。茵曼官方旗舰店追求天人合一的衣着境界，打造个性随意、自然休闲的都市女装品牌。茵曼也特别注重运用如纤维、氨纶、莱卡等最新的高科技面料，使衣物具有极佳的天然面料的舒适性，同时又比较容易清洗，可以使服饰始终保持良好的形态。茵曼女装为消费者提供独具中国传统文化特色的穿着生活和品味，致力于"打造世界的中国棉麻生活品牌"①。"茵曼—棉麻艺术家"注重品牌内涵品质与消费者的体验的塑造，质地优良，茵曼品牌服饰均选用最优质、健康、自然舒适的棉和麻作为主要面料，设计风格极具中国风。茵曼女装设计取材来自江南水乡、国画、水墨、印花等具有中国传统文化精髓的元素，让消费群体切身体验到乡间田野的与世无争和脱离都市喧嚣的感觉，走入乡间田园的返璞归真的品牌主张，赢得了众多年轻人

---

① 方建华：《茵曼专注于棉麻世界的淘品牌》，《中国制衣》2014年第2期。

的共鸣。茵曼倡导自由主义呼吸的生活主张实现了江南水乡小镇文化与西南民族风的田园山水文化的交互融合，让城市中女人的亲近和回归随身、随行。适合约会、休闲、工作，令女性能够轻松应对多种场合。茵曼官网先后获得2011年全球十佳网商30强品牌、连续三年位居天猫商城女装品牌TOP 5、淘品牌女装Top 3、淘宝第一原创棉麻女装品牌等殊荣，官方旗舰店销量更是节节攀高，成为天猫休闲时尚潮流女装品牌的领导者。

1998年，公司创始人方建华先生南下广州，凭借做贸易业务赚得的第一桶金创立了今天汇美服装的前身广州市汇美服装厂，从2人扩张到280人的规模只用了1年。2005年，方建华先生在原广州汇美服装厂的基础上改革转型成立广州市汇美服装有限公司，并于当年入驻阿里巴巴B2B国际业务，成为广州首批经营电子商务企业、海珠区第一家网银用户，造就了"汇美"原创品牌的历史起点。2007年，公司董事长方建华先生敏锐觉察到电子商务的机遇，在广州创立茵曼品牌；8月，茵曼入驻天猫商城，成为第一批入驻的零售服饰品牌；9月，茵曼初露锋芒，荣登天猫商城"十大精选女装品牌"榜。2010年，茵曼正式发布"棉麻艺术家"广告词，标志着茵曼品牌发展定位又迈进了历史性一步；11月，"天猫双十一"茵曼以660万元的日销售业绩位列淘品牌女装前三名①。2011年，茵曼模特造型"麻花辫"正式发布，并先后推出了品牌表情、茵曼字体等茵曼品牌视觉形象，成为行业首创。茵曼品牌造型标识化、品牌形象视觉标准化的表现方式，也成为茵曼品牌向标准化升级的标志性战略举措。"茵曼百万寻TA"服装设计大赛启动，引起超过300万人次的关注，在电子商务领域掀起棉麻运动的原创风潮。2012年，广州市汇美服装有限公司党支部正式成立。7月，茵曼线上品牌忠实顾客群突破60万，活跃顾客贡献值占29%，茵曼品牌价值和影响力得到更进一步的提升。

---

① 肖文舸、谢思佳：《广东茵曼的"双十一"》，《南方日报》2013年11月12日。

二 茵曼服饰企业的发展成就

茵曼是广州市汇美服装有限公司旗下棉麻生活品牌，于2008年创立。2005年，方建华在广州听了马云的招商演讲后，正式将茵曼引入互联网。随后，茵曼凭借以"棉麻艺术家"为定位的原创设计享誉互联网，成为中国成长最快、最具代表性的互联网服装品牌，先后获得2011年全球十佳网商、30强品牌、连续3年居天猫商城女装品牌TOP 5、淘品牌女装TOP 3、淘宝第一原创棉麻女装品牌等殊荣。2015年，茵曼开启"千城万店"项目，在全国大量铺开实体店。方建华认为，线下门店不应该是线上品牌的"试衣间"，而是感受品牌文化的一个体验空间。因此，茵曼把线下店铺打造成多品类的慢生活小站，并以此为依托打造"茵曼+"线下生活空间，营造慢生活"茵曼家"的感觉。茵曼能在传统女装品牌中处于领先地位，恰恰是因为其采用了适当的营销策略。

1. 产品策略

茵曼在创立之初就有很明确的定位，只做棉麻风格的原创设计品牌。在设计风格上茵曼主张素雅简洁、个性而不张扬，让都市的女性追求舒适、回归本真、与大自然亲密接触。在经济高速发展的时代，人们越来越重视对于环境的保护，倡导"节能""低碳""环保"的生活方式，茵曼的定位也恰好顺应了时代的潮流。

在服装的品质上，由于茵曼的目标消费群体主要在25—35岁的女性，这类人群大多为白领阶层，繁忙的都市生活让她们更加追求服装的品质与舒适度，因此，茵曼服装的材料主要是自然环保、手感柔软、亲肤的棉麻，精选来自新疆的优质棉花，相较于普通棉花手感更加柔软，并有一定的透气性。除此之外，茵曼还建立了产品检测实验室，进一步增强产品品质的管理，实现从原材料就开始把控，以确保优质产品输出。

在服装品类方面，采用多品类布局，根据淘宝数据显示，截至2017年4月16日天猫商城茵曼旗舰共有42种包括女装、女鞋、箱包、配饰、童装和家具等2619件宝贝，其中销量最好的衬衣174件、T恤209件、裤装82件。作为原创设计品牌，茵曼走的不是快时尚道路，而是"小而美"的原创品牌之路，尽管数量不多，但是每一件都是独一无二的设计作品。从长远的发展来看，个性化的设计才是品牌成功的关键[①]。

2. 价格策略

注重品质的茵曼价格在互联网服装品牌中属于中高端价位。天猫商城茵曼旗舰店的数据显示，服装品类的价格在39—859元，主要集中在200—600元。不同于其他的互联网品牌，茵曼服装的用料讲究，设计风格鲜明，因此考虑到面料成本以及设计成本，最终的定价也会偏高。

本书的研究中使用了天猫商城茵曼旗舰店的相关数据，对该品牌的T恤、连衣裙和牛仔裤进行了抽样分析。截至2017年4月7日，茵曼旗舰店共有T恤209款、连衣裙339款和裤装101款在售，分别随机抽取每种款式各100件进行分析[②]。

除此之外，与传统的实体店不同，茵曼的线下体验店的定价则与线上的保持一致。传统的服装品牌店从企业，到总代理，到分区代理，到分销商，再到终端网点，每一层都要赚取利益，因此最后面对消费者的价格会比线上的高。但是茵曼的线下体验店则将产品的价格与线上的价格保持一致，这样就避免消费者把实体店当作试衣间、线上线下自品牌竞争，品牌商独享线上盈利的局面。

3. 渠道策略

茵曼的销售渠道是典型的O2O模式。从2012年下半年互联网品牌的发展进入瓶颈期后，茵曼开始布局线下店铺，但最终以失败告终。实体店铺较网上店铺存在一些问题，如客流渠道局限、库存及成

[①] 马妍：《2015网络营销策略探究——以茵曼女装为例》，《中小企业管理与科技》（下旬刊）2015年第2期。

[②] 巫晨曦：《互联网服装品牌韩都衣舍与茵曼的品牌战略比较研究》，《浙江纺织服装职业技术学院学报》2017年第2期。

本压力大、季度订货占用大量现金流、货品款式固定、更新周期长、价格虚高等。针对这些问题，多次总结经验后，茵曼CEO方建华认为，服装店不再是服装店，而是一家生活馆，即为线下消费者提供一种"慢生活"理念，这对于茵曼"棉麻艺术家"的概念是一种扩展和延伸。因此，2016年茵曼投入1亿元在全国城市大量铺开实体店，开启了"千城万店"的项目。与传统的实体店不同，"茵曼+"的定位是品牌的体验店，是让消费者感受品牌文化的一个体验的空间。店铺里面不仅有衣服，还有鞋包、配饰、家具以及书吧、咖啡厅等这些生活化的场景和氛围，给消费者提供一个可以互动、社交的环境。这样的个性化、高性价比的品牌，会成为日后服装行业的发展趋势[①]。

此外，作为淘品牌起家的茵曼，不仅在天猫商场有店铺，还与京东商城、当当网、唯品会等电商巨头有合作。可以说，销售渠道多元化为茵曼带来了众多的粉丝集群，截至2017年4月6日，茵曼旗舰店以452.5万的粉丝位居天猫品牌店铺粉丝榜的第8名。由此可见，线上线下的相互结合相互促进，可以让品牌的发展更加多元化、差异化。

4. 促销策略

在宣传品牌方面，茵曼更加看重与粉丝的互动，让粉丝融入品牌中来，感受品牌的文化与内涵。例如在汕头的一家茵曼店，与汕头大学合作，赞助学生会组织的戏剧大赛。在近1500名学生中，茵曼组织了一个搭配秀活动，学生可以通过扫码或者茵曼APP成为茵曼会员。随后可以免费坐车前往茵曼店铺里体验试穿。这样的活动，让汕头这家店铺在3个月内，日销达到店铺租金的17倍。

除了与粉丝互动，茵曼还借助了传统的媒体平台进行娱乐营销。在2014年，茵曼正式加盟东方卫视国内首档时尚创意真人秀节目——《女神的新衣》，成为该节目的买手品牌。该节目把明星、设计师、

[①] 黄苑:《浅谈淘品牌的O2O模式探索之路——茵曼O2O案例分析》,《现代商业》2016年第11期。

B2B平台、品牌商以及消费者紧密结合在一起，形成一种商业模式的新突破，茵曼借助这个具有影响力的平台，进而提高品牌的关注度和品牌的形象。

第二节 茵曼服饰企业SWOT分析

一 茵曼服饰企业的优势

茵曼服装在网络销售过程中主要的优势包括五个方面。

第一，茵曼产品的价格比较低廉。茵曼服装在营销过程中的宗旨是打造优质的服装，保证产品的质量，得到了消费者的认可。

第二，良好的售后服务质量。茵曼有专门的售后服务人员，对于销售产品的售后服务质量十分关注，进而更好地为消费者提供满意的服务。

第三，茵曼拥有良好的供应链，能够更好地保证产品的质量。在茵曼成立了专门的质量管理人员，对质量进行检验，具有专门的存储仓库，专门的物流配送人员，能够保证及时发货。2013年茵曼花了50%的精力在供应链上。从系统信息化流程、供应商资质标准制定，提高面料配件品质、优化运营与供应链的对接流程、提高款式销售的精准度，以及平衡生产厂家品质与速度等方面进行了系统优化和升级。方建华说，一般互联网原创女装品牌在供应链上的常用操作手法是，新品在发布当天若是能出售达50件以上，就会依照大中小码分离为100、200、100件的份额进行下单。而新品通常的预售期都是7天左右，加上快递送达客户手中需要3—5天，也就是说资金的周转大概需要整整22天。而新款在预售期时通常转化率都是能达到预期的，可是客户收到商品，评估内容出来后，转化率就开始直线降低，这时库存就渐渐开始积压了。方建华深知，传统服装品牌的创伤多来自库存之痛，很多人因为供应链管理失控，导致前期疯狂扩充品类、大量盲目地生产和出期货，结果现金流出现断点，死在了库存上。为此，方建华花了一年多的时间，由一个15人的内部团队，自主开发了新的供应链系统。新系统不仅解决了上述问题,对于公司的合同信息、下单情况、出货情况、次品存留情况以及货物周转期,都一目了然。为革新供应链,茵曼修炼了几大独门武器。其一,改变柔性化供应链,宁可库存面料,也不盲目生产大量成品;宁愿放弃销售额,也不要生产不符合消费者需求的不合格产品。其二,对供应商进行淘汰制考核,优化生产下单流程,精减生产管理人员,保留精锐部队,与供应链厂家达成战略的合作伙伴关系。对于砍断供应商的过多羁绊,方建华颇有心得,他说,"这样我们就不用管那么多工厂了,有利于茵曼有效降低管理成本,合作的工厂也多数是只做茵曼一家业务,所以说让专业的人去做专业的事,并保证他们专注地做。"① 于是,当方建华的线上生意开始渐入佳境,实体百货店们开始感叹自己正在沦为电商的"试衣间"时,方建华反其道而行之,开起了实体店。

第四,通过粉丝效应来增加品牌的影响力与知名度。近几年来,品牌粉丝的消费行为一直是关注的热点话题。茵曼在天猫商城的粉丝数量一直都是名列前茅,粉丝通过长期对品牌产品的使用,在心理上形成了对该品牌的忠诚度,继而通过各种社交媒体等手段,向周围的朋友传达自己对于该品牌的感受。不仅如此,茵曼还鼓励自己的粉丝加盟开店。在线下的体验店,粉丝可以聚会聊天、喝茶、体验插花、手工等线上所没有的活动。

第五,茵曼的优势在于它是细分定位的品牌。也就是说它的品牌定位是只做棉麻原创女装,而不是女装这一大类。现在在互联网上做得好的品牌都是细分定位的品牌,例如"三只松鼠"做坚果,"小狗电器"做吸尘器。这样一来,消费者只要想买什么产品,就会联想到什么品牌。服装品牌种类繁多,尤其是女装品牌,而棉麻原创女装则相对较少。因此,在消费者心里,只要一想到棉麻,就会联想到茵曼。这样的品牌形象与定位是茵曼成功的关键所在。

---

① 刘琼:《茵曼"下线"》,《中国连锁》2015 年第 12 期。

二 茵曼服饰企业的劣势

对茵曼服装企业在发展过程中存在的劣势进行分析，其主要体现在以下几个方面。

第一，当前，服装市场上竞争激烈，品牌与品牌之间相互抄袭、模仿的现象并不少见，而且新阶段服装市场上，同类型的产品越来越多，没有特色，消费者在这样一种市场中越来越追求个性化的服装。例如，韩都衣舍从设计上看，主要推行的是韩国流行趋势，虽然比较符合大众的审美观，不过一直以来，衣服在设计上还存在不少问题，包括款式老气、个性化设计严重缺乏、没有创新之处，这样的一种服装与当前的年轻人的审美还是存在一定的差距。从销售渠道看，目前韩都衣舍主要采用的是线上销售的方式，很少看到有韩都衣舍的实体店。从韩都衣舍的服装质量上看，根据有关数据显示，还是存在一定的问题。2005年双十一期间，这是韩都衣舍销售额一年中最高的时候，但是与此同时，退货率也创新高，这其中最为主要的原因便是质量问题。在2014年的时候，上海市工商局在进行网络服装质量的抽查检验时，就发现韩都衣舍的质量存在不合格的现象，主要是甲醛等含量不符合规定。

第二，以韩都衣舍作为参照对象，茵曼在价格这一点上不存在丝毫的优势。茵曼的价位并不低，它的目标对象，绝大部分针对的是学生以及白领，而这两类人群的收入比较低，难以承受起高额的消费，如茵曼的中高端价位的服装。所以这类消费者作为茵曼的消费对象，在消费时却很少会选择茵曼，这对于茵曼来说，可以说是目标对象的选择失败，也可以说是定位的失败。在品牌知名度和营销方式看，茵曼与韩都衣舍相比，还是存在一些差距，在营销上除了一些常规的营销活动，并没有什么大的营销活动可以带动整个品牌的发展，为了消费者更多地购买产品，营销并不可少。在营销上，茵曼还需要不断地加强和学习。如通过微博、微信等加强品牌推广，选择符合品牌形象的明星作为宣传大使等。

第三，一旦战略出现错误，那么实体店最终也不得不以倒闭告终。在2011年9月份的时候，茵曼在广州中华广场的第一家实体店铺就已经正式开业。为了能够更加贴近目标客户群体，方建华还专门开拓了一套线上线下打通的OAO模式，即online and offline，线上和线下。按照他的构想，茵曼的实体店里面需要将大型电子触摸屏配备齐全，最终完成线上线下的产品共享、会员共享。除此之外，后台的ERP系统包含了仓储、配送体系，由此一来，线上线下的购物渠道也能够被打通。当顾客到店里买衣服的时候，不知道该如何搭配，那么只需要将衣服上的吊牌在屏幕上扫一下，就能够顺利看到茵曼网店的模特搭配。顾客在店里面不能直接提货，需要在OAO系统进行网上购买，也可以直接在线支付。此举直接迎合了O2O的发展潮流。然而，事情的发展并不会如当初所期待的那般，所以茵曼线下实体店的实践效果并不好，仅仅用了半年的时间，茵曼的实体店就已经全部关闭。

三 茵曼服饰企业面临的机遇

在移动互联网环境的背景下，给茵曼企业的发展带来了一定的机会。如今，人们的消费模式发生了变化，手机购物成为年轻人的主要消费模式，为茵曼服装的发展带来了一定的挑战。艾瑞咨询最新数据显示，2016年移动购物市场交易规模为3.3万亿元，同比增长57.9%，增速放缓，首次低于100%，移动购物市场进入平稳发展时期。据统计，天猫目前已经拥有4亿多买家，5万多家商户，7万多个品牌，在服装行业发展几乎饱和的环境下，企业应该加快自身的发展。韩都衣舍针对品牌风格同质化、单一化的问题，提出了"二级生态"理念，即以商业智能为依托，以大数据为驱动，在阿里巴巴、京东等"一级生态"基础上，形成品牌集群类的"大服饰行业二级生态系统"。互联网的快速发展，为茵曼劳动密集型服装产业的发展带来了一定机遇，茵曼等劳动密集型产业可以借助互联网平台，对自己产品进行推广营销。从整体而言，移动互联网等网络平台的快速发展，为茵曼等劳动密集型产业的转型发展带来了一定的机遇。

四　茵曼服饰企业面对的威胁

对于茵曼服装来讲，在发展过程中存在着大量的威胁，对其进行归纳总结，其主要包括以下几个方面。

第一，同行业者的竞争比较激烈。对于茵曼来讲，主要是销售服装，而如今各大网购平台逐渐地兴起，网上服装销售十分常见，如淘宝网、天猫网、唯品会等各大网站，对茵曼的发展起到了一定的威胁作用。目前，韩都衣舍的品牌集群已经达到近70个，风格多样，品类齐全。而作为原创女装品牌的茵曼，则面临着来自竞争品牌，如"妖精的口袋""初棉"等品牌的威胁。在这种环境下，茵曼再次试水线下，打造品牌体验店，提供个性化的服务，为品牌的发展带来了多元化的销售渠道。除此之外，棉麻类服装对茵曼服装产生的威胁最为严重，主要包括"例外"和"江南布衣"两大品牌。"例外"品牌创立于1996年，作为纯正的本土设计品牌，"例外"服饰秉持创新价值的追求与传统的东方文化风格相结合，十多年来，"例外"品牌一直坚持走设计非主流的路线，以当代人们的生活方式和时尚文化为前提，自始至终保持服装设计的独特性和原创性。"江南布衣"是杭州江南布衣服饰有限公司旗下的女装主力品牌，"江南布衣"女装品牌极力推崇"自然、健康、完美"的设计理念和风格，品牌设计主要定位于崇尚自然环保和现代生活方式相结合的都市知识女性，年龄阶段大致在18—40岁。

第二，微商的快速崛起，目前越来越多的普通群众开始做微商，微商的成本比较低，只需要一部手机和优质的货源，便可以开展微商。微商的出现对于茵曼的发展来讲，产生了一定的威胁。

第三，海外直接代购的兴起。目前，很多群众直接去国外进行代购，成立代购群，现场直播代购的过程，消费者可以跟随代购人员直接逛商场，购买自己所需要的产品。海外直接代购能够保证产品的正品，因此得到消费者的认可。

大量服装品牌的崛起，不同销售途径的出现，使得人们能够认识到的服装品牌越来越多，给茵曼劳动密集型服装行业带来了一定的威胁。对茵曼企业而言，如何能够在众多品牌之中脱颖而出，较为重要。

第三节 茵曼服饰企业转型升级成功的举措与启示

一 注重研判市场和国际形势

茵曼劳动密集型企业对目前服装市场进行调研，对国际形势进行分析，茵曼管理者认识到棉麻服装的重要性。在服装面料方面，人们要求其低碳、绿色环保，与生活环境和生态环境相和谐的崇尚自然的理念已逐步深入人心。棉和麻正好具有这种自然特性和返璞归真的自然风格。棉具有良好的吸湿性、透气性，穿着柔软舒适，但抗氧化和织物强度方面有欠缺；麻除了可以弥补棉强度不足的缺点以外，其散热性也优于棉，但由于麻纤维的刚度较大，会使人的皮肤有刺痒的感觉。棉麻混纺面料恰好可以各取所长、互补其短。如今，棉麻混纺面料已在服装的各个领域被广泛应用，在业内有了较高的认知度。棉麻混纺面料所产生的优势，也为人们解决了棉和麻这两种单一纤维面料所带来的某些不足。但是棉麻混纺面料仍然有着较容易起皱、洗后需要整烫、布面光泽度不够理想等不足。因此，有时为了改善此类织物的服用性能，可以在尽量不破坏其优点的前提下，对其做起绒与磨毛整理、丝光与轧光整理、防皱与免烫整理、扎花整理等，可使棉麻面料越来越舒适美观。人们除了研发服装的后整理技术以外，还在织物中进行了各种纤维的混纺试验，随着社会科技的不断进步，必然会研发出更多新型的天然混纺面料。对于设计师而言，当材料受到一定的限制时，对服装材料进行再创性研究是提高服装材料附加值的重要途径。

对现代女装的发展前景进行分析，其一，由于全球经济的发展和信息化时代的推波助澜，使得需求个性化和表现自我成为当今社会的主流。流行传播的途径也从单一的自上而下变得越来越多元化。包括日韩街头时尚在内的大众时尚为流行注入了新鲜的血液，同时也表现了消费者的个性化追求趋向，这些都对现代女装产业提出了更新的要求。其二，低碳环保的理念。依附于越来越进步的现代文明，我们的传统生活方式和思维等都有了很大的转变。高节奏、高频率的生活变化使人们重新开始审视由于现代经济高速发展带来的环境变化。倡导"节能""低碳""环保"的生活方式，已被越来越多的人接受和认可；崇尚自然、崇尚环境保护的意识逐渐强化；欣赏与赞美自然、享受与体验自然的理念受到人们的普遍关注。在女装设计中表现为，愈来愈多的服装设计师开始关注生态的可持续性和绿色环保性，对如何能更好地运用绿色环保的服装面料有了新的想法和更高的要求。包括可再生材料的运用、原料的绿色性、可再生利用的产品设计、产品生命周期的延长、包装的绿色设计等，都是值得设计师关注的重要议题。其三，传统与现代的融合。现代文明的快速发展反而带动了人们对传统观念的探究。现代社会工作和生活的巨大压力促使人们回归传统去寻找获得心灵喘息的机会，对传统意义上的美好生活的向往成为现代人们摆脱紧张心理的临时避风港。人们开始追求优雅、古典、传统的生活方式。主要表现在设计师对古典艺术题材的重视，例如对英伦主题、贵族生活、巴洛克、洛可可的重视等。用现代审美的眼光重新审视传统，会产生不同于现代观念的审美感受①。因此，在表现过程中会非常强调传统与现代的融合。从传统的精髓中汲取灵感，用现代时尚的理念和方式演绎、诠释传统的辉煌，进而迎合现代消费的诉求。表现为把传统样式、图形、手工艺、面料色彩等与现代文明与技术进行融合，在现代设计中注入传统的元素。其四，个性化的需求。消费者的新需求，带来了女装产业从同质到个性的不断转化。20世纪的时尚，流行自上而下地传播。以迪奥为代表的明星设计师推出的时

---

① 郭娟：《茵曼的互联网万米长跑》，《IT经理世界》2014年第9期。

尚样式成为当时人们竞相追逐的对象。那时是设计师创造时尚、消费者追求时尚同质化的时代。由于全球经济的发展和信息化时代的推波助澜，使得需求个性化和表现自我化成为当今社会的主流。

茵曼是属于比较休闲的中高档服饰，年龄适合18—38岁的现代时尚女性，其致力于打造电子商务女装在中国的第一品牌。以原创设计搭配自然色彩基调，原生态下的绿色主题是其主要设计理念，亲近和回归自然状态，加以返璞归真、随性随型、悠然飘逸的衣着风格特征，开创了"无龄女人"新概念，造就了自然山水、乡间田园之间的现代小镇风尚。显现出了一种自由活泼、无拘无束的现代时尚生活的理想状态。

茵曼采用自然环保、手感柔软、亲肤、舒爽的棉麻为主要面料，再与原创、时尚、随性自然的设计风格相融合，充分利用韩版与中国时尚流行元素巧妙搭配的时装款式，使城市女性亲近和回归自然的追求在衣着中得以展现。茵曼女装通过对棉麻织物进行水洗使面料呈现不同的外观。茵曼的棉麻女外套，进行了脱色处理，水洗过的面料逐渐成了流行的休闲面料。服装面料看起来更柔和更自然。而在茵曼的棉麻裙设计中同时使用了顺褶和对褶，在织物上分层分量折叠，再把折叠后的褶纹重复进行排列设计。

二 注重产业营销渠道转变

如今，随着互联网的快速发展，电商行业已经抢占了一定的市场，党的十九大报告中明确指出要重点发展电商行业，各行各业纷纷开展电子商务模式已经成为一种必然趋势。对我国目前互联网普及率进行统计，如图5-1所示，在2012年，我国互联网普及率仅仅只有42.10%，至2017年，我国互联网普及率已经达到了55.90%，网民人数已经高达77152.2万人。大量网民的出现以及互联网普及率的提高，为电子商务的开展提供了良好的社会环境。

对我国的手机网民规模进行调查，如图5-2所示，截至2017年，手机网民数量已经达到了73851.5万人，手机网民占整体网民的比例为97.80%。随着人们生活方式的改变,信息技术的快速发展,手机已经成为人们生活之中不可缺少的一部分,利用手机购物、洽谈商务已经成为未来主要的模式。

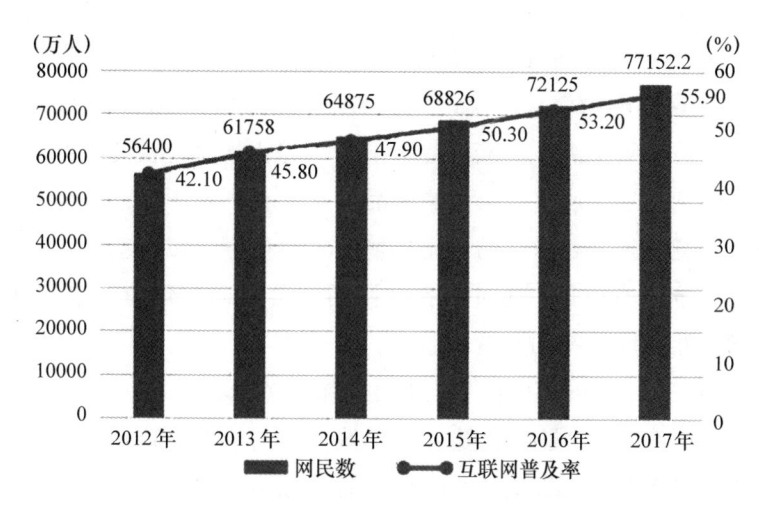

图5-1 2012—2017年网民数量以及互联网普及率统计

资料来源:http://www.360doc.com/content/17/0909/23/29679997_685861292.shtml。

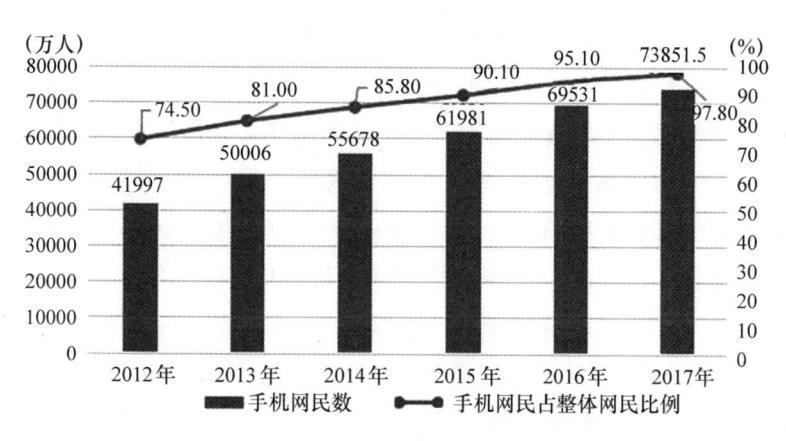

图5-2 2012—2017年手机网民规模及比重统计

资料来源:http://www.360doc.com/content/17/0909/23/29679997_685861292.shtml。

随着互联网的普及，电商逐渐地出现在我们的生活之中，不断影响和改变人们的生活方式。2016年，马云提出了"新零售时代"这一概念，立刻震动了整个零售行业。这说明，电商行业正在面临着一场激烈的变革。根据2011—2018年中国网络市场交易规模数据显示，2011—2013年，电商行业发展迅速，尤其是在2012年迅猛发展。到2015年，网络购物交易规模达到3.8万亿元。在2016—2018年，交易规模仍然持续上涨，但涨幅逐渐下降并趋于平稳。由此可知，互联网流量红利已经见底，各个互联网品牌在这种环境下必须改变自身的状态，在竞争越来越激烈的市场环境中求得生存，以应对更加看重个性化与质量的消费者。通过对互联网品牌茵曼成功营销的案例分析，探究属于互联网品牌的发展之路。

就未来"茵曼+百货"模式的运作，茵曼品牌创始人方建华介绍，"茵曼+百货"是"茵曼+"千城万店的延伸，旨在将居于社群粉丝经营的O2O模式与引入传统百货、结合商业街店铺紧密连接，为茵曼落地百货，以及传统百货转型新业态创造契机，服务更多主流消费群的新消费需求。

在方建华看来，传统实体店，品牌和客户、客户与客户之间是没有交流的，售货员充当导购角色，交易完成便断了关系。而现实中人与人打交道，应该有人的情感和温度，有社交的真实场景在里面。品牌调性应转化为实质有温度的场景，去吸引更多消费者到店体验。

茵曼劳动密集型企业充分认识到网络销售的重要性，所以，茵曼+模式已打通了店铺、电商、微商三个渠道，从单纯的销售升级成社群经营者。社群的力量可以把店铺的人流汇聚到平台上。这也从根本上区别于传统实体店的守株待兔模式①。另外，茵曼+现在已经有衣服、鞋包、配饰、家居，搭配了书吧、咖啡厅这些生活场景和氛围，未来还会逐步延伸到慢生活空间七米可视范围的产品上。茵曼推广部总监何坚表示，通过使用阿里妈妈达摩盘，茵曼可以配合店铺的

---

① 付连英：《茵曼向电商+店铺+微商整合升级》，《国际商报》2016年4月13日。

营销节奏和规划，自定义人群标签，并通过测试不断完善标签，深度透视店铺客户群，实现定制化的精准投放，从而以较低成本维护客户。数据显示，使用达摩盘后茵曼天猫旗舰店的CPC（网络广告每次点击的费用）同比下降30%，ROI（投资回报率）同比上升50%[1]。

茵曼在明确了营销渠道之后，又进一步地制定了茵曼产品的促销活动，在营销过程中，主要是按照以下几个方面进行。

第一，根据级别区别投放。每个商家在日常、大促等不同时间点都有不同的投放需求，这就要求商家做人群细分、定向投放。而达摩盘可以让商家通过大数据标签精准找到自己的目标客户，分类进行消费者识别和管理，并生成各种体现消费习惯和消费轨迹的人群标签，譬如文艺、宽松、民族风、最近7天内宝贝浏览量等。商家可以利用标签组合在不同时期进行有针对性的投放，为店铺引流。茵曼对于全年的大促活动进行了级别上的区分：双十一是第一级别，38大促、626年中大促等中型促销活动属于第二级别，第三级别则是量级较小的活动，如421新时尚、828新风尚、腊八大促等。茵曼会根据不同级别的活动区别运用达摩盘。同时，茵曼的天猫旗舰店往往覆盖官方活动，如全网大促类营销、聚划算、天猫专题活动等，而淘宝店更偏重于天天特价、淘抢购等清仓类型活动。对于天猫旗舰店和淘宝店，也会分别制定达摩盘的投放策略[2]。紧密结合店铺活动的节点，茵曼利用达摩盘中分析出的消费数据反向推动店铺自身的C2B营销，并根据不同客户群的特性，利用话题性的传播、主题性的营销等，让流量形成闭环，使整体营销节奏的引流能力、转化能力都能有很好的效果。

第二，触动不同类型用户。茵曼保持店铺有效客户池的量级，是品牌价值、店铺业绩、店铺持续发展的基础。但事实上，每个店铺都会有固定的流失率，流失客户基本是对品牌失去信心，想要找回非常

---

[1] 王赛：《茵曼今年线下目标3亿元》，《纺织服装周刊》2016年第5期。
[2] 胡晶：《茵曼的新"＋"法》，《纺织服装周刊》2015年第22期。

困难，只能通过运营手段减少流失。而通过达摩盘推广提高重复购买和引进新有效客户，是最具性价比的。所以，茵曼用达摩盘结合营销利益点触动不同类型的客户，从而最有效地增加店铺有效客户。根据CRM有效客户池的变化图，可以确定达摩盘投放的思路：提高老客户的重复购买、引进新有效客户、激活沉默客户、减少流失客户。对茵曼而言，店铺的新客一般分为两类：一类是没有店铺轨迹的，会用达摩盘圈竞争对手的顾客，同时利用文艺风格作为主标签搭配一些人群特征的标签定向圈定，譬如消费能力、年龄等；另一类是有店铺轨迹的，会将180天内已经购买过的人群剔除，同时按天数和频次标签将人群范围继续缩小，一般多圈定浏览轨迹较近的人群。针对已购买过但长期没有复购的沉默客户，茵曼会单独列出投放计划。不过，对茵曼而言，沉默客户的量级并不大，投放成本不高。

第三，合理安排投放节奏。对于以日为计量单位的投放时间，茵曼基本没有针对人群分别作投放时间的区分，而是作PC端和无线端的区分，譬如PC端往往会在晚上8点开始投放，而无线端一般是全天投放。以38节活动为例，3月1—5日是预热期。茵曼会在2月开始进行新客定向投放，为后面的定向投放作铺垫，预热期开始后会把比较关注促销的老客户拉入。到了预热期的最后一天，茵曼会加大力度进行全量投放，同时针对老客户和新客户。对于双十一这样量级很高的促销活动，茵曼会提前反复进行达摩盘人群标签测试，保证销量。2014年双十一，茵曼从10月开始测试标签，经过前期38大促、626大促、店铺日常促销等数据的积累，基本对不同人群标签的转化率高低有了了解。除了活动前的标签测试，活动中也需要时刻监测投放效果，譬如活动第一天成交额较高的投放标签组合，可以在第二天加大投放力度，不断调整预算的分配，到活动结束为止，动态提高达摩盘的使用效果。同时，对于活动中计划投放的落地页图片也要实时剔除更新，譬如根据每张图片的点击率高低，将点击率过低的图片剔除，使用点击率高的图片，或提炼点击率较高图片中的关键要素，更换符合要素的新图。

茵曼劳动密集型企业根据目前的市场变动，规划了营销渠道，制定了营销促销活动，使得越来越多的顾客了解茵曼产品，为顾客选购茵曼产品提供了渠道。

三　注重提高品牌价值

对茵曼劳动密集型企业而言，在发展过程中，充分地认识到提高品牌价值的重要性，公司开始关注于品牌效应的建设，通过提高茵曼服装的品牌建设来提高茵曼的知名度，增加顾客流量。在品牌价值提高过程中，应该关注以下几点。其一，对于区域性品牌的创建，以及明确后期的发展方向，作为本身就具有隐性指导作用的区域文化，起着举足轻重的指导和提升作用。一方面，品牌具有符号象征性，在体现产业集群生产经营活动上的专业性的同时，也是产业集群文化的代表。故区域文化在基于区域产业集群的品牌文化创建过程中有引导总方向的作用。可见，历史文化的积累促使了区域品牌的存活和发展。另一方面，在创建品牌后，如何推动其发展壮大，也需要区域文化的提升促进。还是以"绍兴纺织"为例，在日渐凸显的品牌影响作用下，浙江其他地方也开始发展自己的纺织产业，从而借助与绍兴的生产厂家或技术提供者合作以及其品牌效应，对内深度钻研品牌文化的内涵，对外广泛宣传区域品牌，带动了这一片地区的领带产业集群的规模化和集约化升级。其二，技术创新对区域品牌的形成发挥着重要的推助作用，是其形成发展过程中的积极力量。技术创新通过带动产业结构升级、增加产品附加值的方式不断为集群积累竞争优势。这样的集群化以其良好的专业化生产力取得竞争优势，并且，核心优势力量在于集群掌握着产业中的专利技术以及知识产权。当这样的竞争优势不断累积增进，集群得以在其产业领域中形成区域性品牌声誉，这也就是品牌形成，品牌优势无疑会给集群带来良好收益。技术创新是区域品牌发展的有效保障。集群内部核心品牌的形成是区域品牌形成的要义，而且，区域品牌的发展与企业品牌的发展相辅相成，只有不断保持和激发企业品牌的活力才能确保区域品牌的旺盛生命力。那么，要保持和激发企业品牌活力，就必须推陈出新不断满足和顺应客户需求，在保证产品质量的基础上完善多方服务赢取信誉和口碑。推陈出新必须依赖技术创新，技术创新是新产品开发、满足客户需求、树立企业声誉的技术支撑和技术保障。当一个企业赢取知名度、形成品牌声誉，才能推动区域品牌的树立、区域品牌形象的完善。其三，以制度创新维护区域品牌形象①。中小企业作为产业集群发展的重要主体，极易受自身硬件条件以及资金规模的限制，在创造企业品牌文化价值的过程中势单力薄，不能较好地实现企业战略政策，因而需要联合行业中的个体进行分工合作，在实现技术创新的前提下首先实现制度创新，用制度来保证企业间联合的可行性。由此看来，促进区域品牌建设就意味着要提高其核心竞争能力，而提高区域品牌的核心竞争力即品牌形象就在于如何实现技术以及制度的创新，这些创新机制的建立可以整合行业内各种文化优势、科技优势、技术优势，从制度上为产业集群升级提供支持和保障，能够更好地体现区域品牌的核心价值以及其创新成果。

对茵曼劳动密集型企业而言，互联网服装品牌的发展需要做到以下几点：第一，在竞争如此激烈的市场中，企业应当明确分析目标消费群体的收入水平、消费偏好、日常活动等，掌握服装市场的最新动态，准确地找到品牌定位，预测在这一品牌定位下是否有消费者、消费者的数量、消费者的认可度等。第二，企业应当注重品牌的识别度和品牌风格，加强打造设计团队，形成自己的品牌风格。互联网品牌应当重视网站的设计，网站的主页就相当于实体店的装修，有设计感的页面会吸引消费者继续浏览下去，同时也要重视网站上产品详情的介绍，这就相当于实体店里的导购，它影响着消费者的购买决策。第三，企业应当结合当下的潮流，适时地推出一些品牌营销活动，利用互联网来进行市场开拓、产品创新、定价促销、宣传推广等。例如在

---

① 许玲、许宗祥：《金融海啸下珠三角运动服装业的"危"与"机"》，《国际经贸探索》2009年第11期。

贴吧、论坛、微博、微信公众号等平台发表一些卖家秀、宣传视频、穿衣搭配秘籍等，为店铺增加点击率。第四，注重消费者的体验，企业应当建立与消费者能够直接沟通的平台，实时反馈消费者的消费体验，并有针对性地做出改善。完善售后服务，及时地为顾客解决问题和退换货物。当然，品牌最终的目标就是要迎合消费者的需求，这样才能更好地发展。

茵曼劳动密集型企业在发展过程中，十分注重品牌价值的建设。如今，茵曼品牌已经得到了广大消费者的认可，销售量明显提高，取得了一定的成功，对于其他劳动密集型产业能够起到一定的借鉴作用。

四 注重提高劳动生产率

对茵曼服饰而言，属于劳动密集型产业，在生产过程中，主要是依靠人工完成品牌服装的裁剪、缝制工作，而对于技术、设备的要求不高。最初，茵曼在刚刚成立之初，属于一家小型企业，设计师设计完衣服样稿之后，由加工厂人工制作完成。那时，完全是依靠人工进行，劳动生产效率十分低下。后来，随着茵曼品牌逐渐地被顾客认可，茵曼企业逐渐扩大，管理者逐渐认识到提高劳动生产率的重要性。如今，茵曼服饰在销售过程中，包括实体店、网店和微店三个主要渠道，品牌知名度逐渐提高，提高劳动生产率，保证茵曼产品市场供给量十分重要与关键。茵曼公司的生产管理者对于影响劳动生产率的因素进行探究分析，做了系统的调查，其主要的影响劳动生产率的因素主要包括以下几个方面。

第一，企业的生产技术设备不够先进。对于劳动密集型产业而言，虽然主要是以劳动力为主，但是对生产设备的要求同样高。若是生产设备能够足够精准，那么便能够快速、准确地缝制出相关的产品。

第二，人员的管理有所缺陷。茵曼服饰在成立之初，人力资源管理水平并不是很完善。然而对于劳动密集型产业而言，人力资源是主要的基础，完善人力资源管理十分重要。由于茵曼公司的人员绩效考核制度缺失，人员在工作过程中，积极性不高，存在偷奸耍滑现象，进而严重地影响了劳动生产率。

第三，服装制作工艺不足。在企业成立最初，服装生产工艺并不完善，经常出现反复更改的现象，这种不严谨的作业现象同样影响了服装的生产。

通过深入的分析，总结出了茵曼服装企业在生产过程中影响劳动生产率的因素，在企业不断扩张过程中，管理者认识到企业生产经营的弊端，对劳动密集型市场进行调查，借鉴其他劳动密集型产业的发生情况，对茵曼服装劳动密集型产业进行转型，改变传统的经营模式和生产模式，以此提高劳动生产率。茵曼服装劳动密集型企业主要从以下几个方面入手。

1. 购置新型的生产技术设备

茵曼服装企业认识到自身设备的落后，企业管理者参观国外知名服装企业，借鉴其企业管理经验，购置新型的生产设备。对车间工人进行培训，使其能够熟练地掌握生产设备。高效能的生产设备，能够有效提高服装的生产效率。

2. 制定绩效考核制度

在茵曼劳动密集型企业，企业为了更好地提高劳动生产率，对人员管理重视起来，制定了完善的绩效考核制度，以此调动企业职工的工作热情。绩效考核理论是企业进行人员管理的一项重要的手段，能够更好地调动员工的工作积极性，其主要是根据员工在工作过程中所涉及的工作内容和工作素养，制定考核指标，对员工进行评价，进而按照评价的结果给予员工一定的奖励。绩效考核理论在开展过程中主要是按照"多劳多得"的原则进行，在工作过程中员工只要能够辛勤地工作，对企业忠诚，掌握一定的技术本领，那么便可以获得更多的酬劳。公平公正地依据全体员工的行动力、工作等各方面的表现进行客观评价应该是绩效考核的目的，然后用劳动报酬的多少来体现员工的劳动价值。其主要的目的便是能够公平公正地对企业职工进行评价分析，保证为企业职工提供一个公平的工作环境。按照职工的工作表现给予一定的奖金，以此激励企业职工的工作热情。

首先，明确工资结构。根据茵曼服装劳动密集型企业的实际情况，划分不同的工作岗位，取消原来的年薪制和月薪制，公司的全部员工都是按照绩效考核的方式来进行考核，根据人员的个人能力和工作岗位，划分不同的岗位级别，相同岗位级别的员工所有的待遇相同，不同岗位级别的员工享受不同的待遇，低岗位级别的员工可以通过自身的努力向高岗位级别进行上升，若是员工的工作表现不好，会向低级别的岗位级别下降，员工的薪酬待遇完全依靠员工的个人工作能力和表现来定，不同岗位员工的考核标准相同。这种新的绩效考核制度，实现了统一性，能够更加公平、公正地对员工进行考核。

其次，健全绩效考核的指标与权重。通过对茵曼服装劳动密集型企业的绩效考核方案进行分析，对岗级工资结构有所掌握，每位职工每个月可以获得的收入情况如下所示：（a）岗级工资收入＝基本工资＋绩效工资＋全勤奖工资＋年终奖；（b）绩效工资收入与员工每月的工作努力程度、工作结果相关，反映员工在当前的岗位与技能水平上的绩效产出；（c）月度绩效工资 ＝绩效工资×月度考核系数；（d）年终奖＝年终奖工资总额×月度平均考核系数。要想更好地对职工的表现进行考核，确定考核的指标和权重十分重要。所谓的考核指标主要是指对于员工考核的项目，而权重主要是指考核的指标所占的比例分配。确定明确的考核指标和权重是绩效考核方案制定的关键所在，是对企业员工进行考核的主要标准。只有制定科学的绩效考核指标，才能够更好地对企业的员工进行考核，才能够更好地实现公平、公正。针对茵曼服装劳动密集型企业的实际情况，笔者决定确定了六项考核指标，并且分配了不同的权重，如表5-1所示。

表5-1　　　　　　绩效考核的指标和权重的确定

序号	绩效考核指标	权重（%）
1	工作效率	20
2	工作品质	20
3	专业知识与技能	15

续表

序号	绩效考核指标	权重（%）
4	沟通能力	10
5	主动积极、创新性	15
6	从业道德	20

本书建议茵曼服装劳动密集型企业将员工的工作品质、工作效率和专业知识与技能、员工的沟通方式、人员的工作积极性以及从业道德作为考核的主要指标。第一，员工的工作方式、工作质量和从业道德对于员工来讲非常重要，因此要将其作为最重要的考核标准，权重设置为20%；第二，员工的专业知识、技能以及员工的工作积极性和创新性，这些主要体现员工的自身能力，权重建议设置为15%；第三，员工的沟通能力对于企业的发展也同样重要，建议其权重设置为10%。科学地确定绩效考核标准的指标和权重对于绩效考核方案的实施有着重要作用。

再次，确定绩效考核的具体内容及标准。茵曼服装劳动密集型企业制定绩效考核指标和权重之后，要对绩效考核的具体评价内容进行探讨分析。绩效考核的指标和权重主要是对员工的考核起到一定的引路作用，而要想实现对于员工全面具体的考核，必须制定明确的绩效考核评价内容。

表5.2　　　　　　　　六大指标的具体考核内容

考核指标及权重		评核内容					
1	工作效率	交办的任务提前完成且速度很快	交办的任务如期完成且速度很快	交办的任务如期完成	交办的任务逾期完成且速度稍慢	交办的任务逾期完成需再三催促	极差
	20%	5	4	3	2	1	0
2	工作品质	总是超越预期标准	能达到预期标准且有时超越标准	达成标准	部分达成标准	无法达成标准	极差
	20%	5	4	3	2	1	0

续表

考核指标及权重		评核内容					
3	专业知识与技能	具备多方面且优异的专业知识与技能	具备知识与技能能胜任之工作	所具知识技能尚可胜任目前之工作	缺乏某方面的知识与技能	知识与技能完全无法胜任现在工作	极差
	15%	5	4	3	2	1	0
4	沟通能力	沟通优良为最佳的团队成员，没有任何投诉。	沟通顺利	沟通尚可	沟通差较难与人相处	不合群无法成为团体的一员	极差
	10%	5	4	3	2	1	0
5	主动积极、创新性	积极创新且极力推行创意的实行	积极创新且创意频繁	主动创新且勇于改进	很少创新只是按章行事	被动且阻碍改革进行	极差
	15%	5	4	3	2	1	0
6	从业道德	严守公司规定且有具体事迹甚至为同仁模范	遵守公司规定，稳健有力受同仁尊敬	遵守公司规定	有时会有不佳行为，需稍加督导	经常不守规定，态度与品行都差	极差
	20%	5	4	3	2	1	0

根据绩效考核的评价内容，员工的领导对员工进行打分，并且根据打分的标准，将其分为不同的等级。建议茵曼服装劳动密集型企业在绩效考核评价分析中，将考核系数分为 A、B、C、D 四个等级，分别代表为优秀、良好、及格、不及格，具体如表5-3所示。考核系数比例划分为：A 级不得超过 5%、B 级不得超过 10%、D 级不得低于 10%，直接领导对所属人员应做到公平公正的考核，如出现弄虚作假参照人力资源制度处理。

表5-3　　　　月度个人得分与个人考核系数对照

评价得分	91—100 分	81—90 分	61—80 分	60 分以下
考核结果	A	B	C	D
考核系数	1.2	1.1	1.0	0.6

在绩效考核的过程中，A、B、C、D四个等级的评价是根据员工的打分结果来进行的，不同的分数给予不同的评价等级，具体得分评价标准如表5-4所示。

表5-4　　　　　　　　　　　个人得分标准

分数	评价标准	评价比例
91—100分 A级	非常优秀，成为他人的榜样 贡献度、业绩显著，水平高于其他人甚多，本月无请假，全年累计假天数原则上不超过5天	不超过5%
81—90分 B级	较优秀，水平高于要求水平 对于担当工作的期待水平，交出的业绩在其之上的水平，本月请假天数不超过1天，全年累计请假天数原则上不超过7天	不超过10%
61—80分 C级	标准水平，达到要求水平 对于担当工作的期待水平，能够稳定正确地完成的水平，本月请假天数不超过2天，全年累计休假天数原则上不超过15天	不限
60分以下 D级	差，未达到要求水平或者有一部分不足 不能充分完成担当工作，对于组织业绩不能做出贡献的水平，本月请假天数超过2天，全年累计休假天数超过20天	不低于10%

根据绩效考核的指标评价内容以及权重比例，划分绩效考核的等级，确定绩效考核的系数，进而根据绩效考核工资方案，按照相应的绩效考核系数确定员工的具体的工资状况。建立健全的绩效考核制度，能够更好地对员工的日常工作进行监督管理，能够提升工作态度，与此同时，才能够根据员工的工作表现，给予员工一定的奖励。

最后，绩效考核方案的反馈与改进。茵曼服装劳动密集型企业绩效考核结束后应及时以书面表达或是口头描述的方式将考核结果通知给被考核人，让其知道自己的绩效成绩，并且针对绩效考核成绩不良者进行面谈，使被考核人员真正认识到自己的不足之处，并以此来制定改善自身不足的措施。劳动密集型企业要制定工作岗位跟踪管理，结合不同部门、不同岗位的工作特点,对各部门、各岗位的工作任务进行分解,制定各部门的时间分配表,员工进行时间分配表的填写,在月底时由部门经理统一上报给人力资源部门,人力资源部门再根据各部门统计的结果进行下个月的时间分配表制定,以此类推,每个月都对各部门的工作过程进行跟踪,这一跟踪控制要求各部门按照此工作计划配档表进行工作安排以及跟踪考核,对于未按照工作计划配档表完成工作的部门,人力资源部门对工作计划配档表做出相应调整,确保整个工作计划能够按要求完成。以此,更好地促进劳动密集型企业的绩效考核工作的顺利开展,对其进行评价与监督。

完善绩效考核制度之后,茵曼服装劳动密集型企业的职工工作积极性明显提高,员工每个月工资多少,完全是根据职工生产的效率以及生产的数量等考核内容所决定。对企业职工而言,要想获得更多的薪酬待遇,在工作过程中便不能够投机取巧,必须要快速地完成工作。从制度角度出发,激发职工的工作热情,提高茵曼公司的劳动生产率。

3. 明确生产工艺流程,降低返修概率

茵曼公司认识到明确生产工艺流程的重要性,能够为职工提供一个明确的生产流程,避免工艺不明确,导致返工现象的发生,浪费时间。对服装设计来讲,茵曼公司有专门的服装设计师进行图纸设计,面料、辅料的选择,阐述服装制作过程中所需要的注意事项,具体包括以下几个步骤。第一,纸样设计。当服装设计的样衣为客户确认后,下一步就是按照客户的要求绘制不同尺码的纸样。将标准纸样进行放大或缩小的绘图,称为"纸样放码",又称"推档"。第二,生产准备。生产前的准备工作很多,如对生产所需的面料、辅料、缝纫线等材料进行必要的检验与测试;材料的预缩和整理;样衣的缝制加工等。第三,裁剪工艺。第四,缝制工艺。缝制是服装加工过程中技术性较强,也较重要的加工工序。第五,熨烫工艺。服装制成后,经过熨烫处理,会达到理想的外观,使其造型美观。第六,成衣品质控制。是使产品质量在整个加工过程中得到保证的一项十分必要的措施，根据产品在加工过程中产生的质量问题，制定必要的质量检验标准。第七，后处理。包括包装、储运等内容，是整个生产过程中的最后一道工序。明确生产工艺流程之后，严格地按照工艺流程进行制作，加快了劳动生产率。对于劳动密集型产业而言，人工是主要的生产力，提高劳动生产率之后，企业的服装生产效率明显地提升。

第六章 中国劳动密集型产业转型升级与经济增长的实证研究

第一节 样本描述与研究模型设定

一 样本描述

改革开放以来，我国产业结构从农业为主逐渐提升到以制造业为主推动经济增长的模式，这种产业结构的升级被普遍认为是中国经济快速增长的主要原因之一。中国产业结构的变迁基本符合工业化发展的规律，但仍滞后于中国经济增长的需求。这是因为这种形式的产业结构变迁虽然对中国经济增长的正面效应十分显著，但贡献的力度却在不断降低。纵观相关文献，大多数发展经济学家认为优化产业结构是促进发展中国家经济增长的主要方法之一。尤其农业向工业的产业结构升级是推动发展中国家经济快速发展的重要途径。而且产业结构从农业向工业升级推动经济增长的同时增加了国民收入[1]。但是，产业结构影响经济增长具有多种途径，产业结构提升只是促进宏观经济发展的主要决定因素[2]。我国产业结构变迁对中国经济增长的正面效应显著。同时产业结构调整对经济增长存

---

[1] Laitner, "Structural Change and Economic Growth", *The Review of Economic Studies*, 2000.

[2] Peneder, "Industrial Structure and Aggregate Growth", *Structural Change and Economic Dynamics*, 2003.

在短期和长期的影响①,具有明显促进经济增长的作用②。也有文献检验"结构红利假说"在我国是否成立,检验结果发现我国制造业的结构变动并没有导致"结构红利"的出现③。主要是因为只有劳动在行业之间的配置具有"结构红利",而资本在行业之间的配置却不具有"结构红利"④。

近年来,由于以劳动密集型产品为主导的出口贸易在一定程度上促进了中国的经济发展,但同时也带来了越来越多的贸易摩擦,因此从总体上评估劳动密集型产业结构和经济增长相互影响必须考虑到贸易开放度对经济增长和劳动密集型产业结构升级的重要作用。新古典增长理论认为,贸易开放促进经济增长的渠道主要来源于贸易带来的规模经济效应⑤、促进资本形成⑥以及资源配置效率的提高。而新增长理论则认为,贸易开放度主要通过加快本国技术进步、提高要素生产率来促进经济增长⑦,以及通过促进国内资源在物质生产部门和知识产品生产部门之间的要素优化配置,从而加快了经济增长⑧。国内学者通过实证具体测算了我国的贸易开放度对经济增长的作用,认为只有外贸依存度较好地区反映了我国经济开放程度与经济增长之间的关系,相对来说,我国经济增长主要依赖

---

① 干春晖、郑若谷等:《中国产业结构变迁对经济增长和波动的影响》,《经济研究》2011年第5期。

② 孙皓、石柱鲜:《中国的产业结构与经济增长——基于行业劳动力比率的研究》,《人口与经济》2011年第2期。

③ 李小平、卢现祥:《中国制造业的结构变动和生产率增长》,《世界经济》2007年第5期。

④ 干春晖:《改革开放以来产业结构演进与生产率增长研究——对中国1978—2007年"结构红利假说"的检验》,《上海市经济学会学术年刊(2009)》,2009年,第198—217页。

⑤ E. Helpman, P. R. Krugman, "Market Structure and Foreign Trade: Increasing Returns, Imperfect Competition, and the International Economy", 1985.

⑥ D. Rodrik, "Imperfect Competition, Scale Economies, and Trade Policy in Developing Countries", *Trade Policy Issues and Empirical Analysis*, 1988.

⑦ Romer, "Increasing Returns and Long-run Growth", *Journal of Political Economy*, 1986.

⑧ Grossman, Helpman, "Trade, Knowledge Spillovers, and Growth", *European Economic Review*, 1991.

第六章 中国劳动密集型产业转型升级与经济增长的实证研究

于要素投入的增加，因此贸易开放对经济增长的作用不显著[1]。同时，我国贸易开放度对 GDP 的直接拉动作用不明显主要表现在贸易开放度是通过对总供给的影响间接带动经济增长。但也有学者检验证明我国贸易开放度与经济增长具有长期均衡关系[2]，而且它们之间存在高度正相关关系和因果关系。通过对上述文献研究发现，这些文献仅仅研究贸易开放度和经济增长以及产业结构和经济增长之间的关系，而且仅仅研究它们之间的单向关系，没有研究贸易开放度和劳动密集型产业以及整体产业结构之间的相互作用。事实上，贸易开放度、产业结构和经济增长不仅具有单向关系，而且具有双向关系，它们构成一个相互依赖的循环系统。同时，中国是制造业大国，研究劳动密集型产业结构及其对经济的影响更具有现实意义。

根据相关资料和《中国统计年鉴》数据，1994—2016 年中国劳动密集型产业产值占总产值的比重和经济增长、贸易开放度的关系如下：经济增长和贸易开放不利于劳动密集型产业发展，反过来劳动密集型产业阻碍了经济增长的同时不利于贸易开放；经济增长和对外贸易具有相互正向作用，经济增长加强了对外贸易，对外贸易促进了经济增长。

二 研究模型

为研究三者之间的相互关系，在模型变量的选取上，除了考虑我们所重点考察的贸易开放度、经济增长与劳动密集型产业结构指标外，还纳入了在过去研究中被广泛提及和使用的经济变量作为控制变量，以期反映不同变量的真实联系，从而提高模型的稳定性和解释力，在被解释变量方面，我们考察的目标包括：贸易开放度；经济增长；劳动密集型产业结构调整指标。在解释变量方面，除了有这三个

---

[1] 包群、许和连等：《贸易开放度与经济增长：理论及中国的经验研究》，《世界经济》2003 年第 2 期。

[2] 张立光、郭妍：《我国贸易开放度与经济增长关系的实证研究》，《财经研究》2004 年第 3 期。

变量中的两个外还加入控制变量，主要有实际人均GDP、技术进步变量、总就业人数、投资率、第二产业工业总产值占GDP的比重等相关指标。

本文的各个变量的选取理由及其来源的说明如下。

（1）L_STR表示劳动密集型产品产业结构，用国有企业及规模以上企业劳动密集型产品工业总产值占制造业工业总产值的比重度量。本文按照联合国国际贸易标准（SITC）对劳动密集型产品进行分类，对应于中国的分类包括纺织品制造业、服装鞋帽制造业、皮革毛皮羽毛制造业、家具制造业、纸品制造业、文教体育用品制造业以及非金属矿物制造业七类产品。

（2）P_GDP为实际人均GDP的对数值，以1978年价格进行折算，用以度量经济增长情况，考察收入变化是否会引致劳动密集型产品产业结构变化。

（3）TR_OPEN为贸易开放度，用进出口贸易总额占GDP的比重度量。改革开放以来中国贸易开放对经济增长起到了非常深远的影响，并且形成了以劳动密集型产品为主导的出口模式。然而贸易开放是否有利于经济增长以及是否会加速劳动密集型产业的发展仍然存在较大的争议，因此在联立方程组中加入贸易开放变量以明确其对经济增长和产业结构的影响。

（4）SEC为第二产业工业总产值占GDP的比重，用以度量三大产业层面的产业结构加入该变量的目的是为了考察工业化过程对经济增长的影响，同时也为考察工业化过程是否偏向劳动密集型产业的发展。

（5）TEC为技术进步变量，在经济增长理论中，技术进步体现为产品种类增多和产品质量提高两种类型。出于数据可得性原因，本文从产品种类增多的角度出发，用每年的专利申请数度量当年的技术进步情况。加入该变量是因为技术进步是经济增长的主要源泉，同时也会导致要素资源在不同行业使用效率的变化，从而引致产业结构的改变。

（6）WORK为总就业人数的对数值，用以衡量就业人员数的变动

第六章　中国劳动密集型产业转型升级与经济增长的实证研究

对劳动密集型产品产业结构的影响。之所以加入该变量是因为，其一，在劳动密集型产品产业结构方程中加入额外的变量才能使方程可以得到识别；其二，就业人员数的增加在一定范围内有可能强化劳动力要素的比较优势，促使劳动密集型产业进一步扩张。

（7）INV 为投资率，用固定资产投资总额占 GDP 的比重度量。加入该变量也有两个原因，其一，额外的变量才能使经济增长方程可以被识别，其二，在中国的经济增长模式下，投资率的高低也是经济增长的决定因素之一。由于利用上述七类制造业产品计算劳动密集型产品产业结构指标数据不完整，同时为了分析数据的完备性，本书的样本仅选取 1994—2016 年的时间序列数据，各变量数据均由历年《中国统计年鉴》以及《新中国五十年统计资料汇编》整理而得。

基于以上分析，本书研究的模型设定如下：

$$L\_STR_t = \alpha_0 + \alpha_1 TR\_OPEN_t + \alpha_2 P\_GDP_t + \gamma x_t + \varepsilon_{1t} \quad (6.1)$$

$$P\_GDP_t = \varphi_0 + \varphi_1 L\_STR_t + \varphi_2 TR\_OPEN_t + \gamma x_t + \varepsilon_{2t} \quad (6.2)$$

$$TR\_OPEN_t = \psi_0 + \psi_1 P\_GDP_t + \psi_2 L\_STR_t + \gamma x_t + \varepsilon_{3t} \quad (6.3)$$

其中，x_t 为控制变量向量，各变量的符号、经济含义及其统计性描述如表 6-1 所示。

表 6-1　　　　　　　　　　变量说明

变量名称		符号	说明
劳动密集型产品产业结构		L_STR	用国有企业及规模以上企业劳动密集型产品工业总产值占制造业工业总产值的比重度量
实际人均 GDP		P_GDP	以 1978 年价格进行折算，用以度量经济增长情况
贸易开放度		TR_OPEN	用进出口贸易总额占 GDP 的比重度量
控制变量	技术进步力量	TEC	每年的专利申请数度量当年的技术进步情况
	第二产业总产值占 GDP 的比重	SEC	第二产业工业总产值占 GDP 的比重，用以度量三大产业层面的产业结构
	总就业人数	WORK	衡量就业人员数的变动对劳动密集型产品产业结构的影响
	投资率	INV	用固定资产投资总额占 GDP 的比重度量

第二节 计量分析与检验

一 联立方程模型分析

首先对本书研究变量进行描述性分析,如表6-2所示。

表6-2　　　　　　　　　　变量描述统计

	L_STR	P_GDP	TR_OPEN	TEC	SEC	WORK	INV
均值	0.187293	3.728374	0.417263	5.092834	45.2764	4.838272	39.293643
中位值	0.184724	3.283791	0.362734	4.972838	46.7927	4.782974	37.28644
最大值	0.247582	3.920384	0.672836	5.920743	48.9801	4.892876	47.89274
最小值	0.152733	2.903812	0.267163	4.162838	41.0294	4.672032	34.92739
标准差	0.026384	0.319827	0.157264	0.482912	1.9826	0.057263	34.27634
观察值	23	23	23	23	23	23	23

资料来源:根据《中国统计年鉴》整理。

对于联立方程模型主要考虑它的联立性问题,如果出现联立性问题,则 OLS 估计将会产生非一致性的估计量,相应地需要采取 TSLS 和工具变量估计方法。

如果不具有联立性问题,就可以使用 OLS 估计得到一致和有效估计。对于联立性问题需要 Hausman 设定检验。Hausman 设定检验结果表明(R^2 = 2934.1928,P = 0.0000),三个模型之间存在联立性问题。因此对于上述方程组可以采取 TSLS 估计。运用 TSLS 方法,我们对影响劳动密集型产品产业结构的因素进行回归分析,由于贸易开放度 TR_OPEN 和经济增长 P_GDP 存在高度相关性,因此需要对此单独回归,其回归结果如表6-3所示。

第六章 中国劳动密集型产业转型升级与经济增长的实证研究

表 6-3　　　　　　　　L_STR 估算结果（TSLS）

变量名称	变量符号	模型 1	模型 2	模型 3	模型 4
截距项	C	0.392839 ***	0.273848 ***	-3.372634 ***	-3.452735 ***
贸易开放度	TR_OPEN	—	-0.126353 ***	—	-0.052725 **
实际人均 GDP	P_GDP	-0.067283 ***	—	-0.028361 *	—
技术进步	TEC	—	—	-0.117623 **	-0.127363 ***
第二产业总产值占 GDP 的比重	SEC	—	—	—	—
总就业人数	WORK	—	—	0.842631 ***	0.872634 ***
投资率	INV	—	—	0.002873 **	0.003627
判定系数 R^2		0.478283	0.418273	0.902736	0.892761
校正的 R^2		0.452763	0.382974	0.878264	0.862551
DW 统计		0.437284	0.572651	1.489273	1.372864
F 统计		20.173664	17.276433	34.294742	39.293742

注：*、**、***分别表示各系数的 t 统计量 10%、5% 和 1% 显著性水平，计算结果由 stata12.0 得出。

从表 6-3 可以看出，在模型 1 和模型 2 中，贸易开放度和经济增长各自对劳动密集型产品产业结构指标影响显著，但其效应为负值。这表明，第一，贸易开放不利于劳动密集型产业发展。这是因为中国的贸易发展主要依赖于廉价劳动密集型产品的出口，因而贸易开放度的提高会引致较多的贸易摩擦，反而不利于劳动密集型产业的发展。第二，中国的经济增长也不利于劳动密集型产业发展，中国的经济增长会减少劳动密集型产品在制造业中的份额。产生这个结果是有多种原因的，经济增长的诸多方面结果都会阻碍劳动密集型产业发展。经济增长会提高居民的收入水平，按照消费理论的观点，收入水平的提高会增加对高质量商品的需求而减少低质量商品的需求，由于中国劳动密集型产品基本属于低档次的消费品，因此经济增长有可能在增加收入的同时减少对劳动密集型产品的需求。第三，经济增长会促进资本积累，从而增加人力资本和物质资本的要素禀赋，进而促使比较优势向人力资本和物质资本密集型产品转移,在制造业内部产生结构调整,减少劳动密集型产品的产业比重。第四,经济增长往往伴随着高水平的技术进步以及技术扩散,从而降低技术使用成本,而高水平技术在劳动密集型产业应用较少,较多应用于附加值较高的高端产业,促进高水平制造业的发展,从而减少劳动密集型产品的份额。

在基准模型中加入控制变量,剔除不显著变量,回归结果显示(见表6-3中模型3和模型4),贸易开放度和经济增长系数依然显著,这说明模型是稳定的,但是各自对劳动密集型产业结构指标的效应减小了。这表明,一方面,控制变量和贸易开放度及经济增长变量存在一定程度的相关性;另一方面,控制变量的回归结果显示,技术进步变量在劳动密集型产业结构中的系数基本上显著为负,说明了中国的技术进步不利于劳动密集型产业发展。类似地,从业人员总数的系数在劳动密集型产品产业结构方程中显著为正,说明了就业人数的增加会促进劳动密集型产业的发展,符合比较优势理论的基本逻辑,也反映了中国目前的要素禀赋仍以劳动为主。投资率的系数在劳动密集型产品产业结构方程中显著为正,说明了投资率的增加对劳动密集型产品产业发展产生正向影响。

表6-4　　　　　　　　P_GDP 的估算结果 (TSLS)

变量名称	变量符号	模型5	模型6	模型7	模型8
截距项	C	2.393749***	4.829374***	3.627863*	0.101198
劳动密集产业结构	L_STR	—	-8.283651***	—	-1.447263**
贸易开放度	TR_OPEN	2.238364***	—	-0.056276	—
技术进步	TEC	—	—	0.672634***	0.527354***
第二产业总产值占GDP的比重	SEC	—	—	2.217354**	0.017664**
总就业人数	WORK	—	—	-2.197363**	—
投资率	INV	—	—	—	—
判定系数 R^2	—	0.708373	0.482973	0.982663	0.982654

第六章 中国劳动密集型产业转型升级与经济增长的实证研究

续表

变量名称	变量符号	模型5	模型6	模型7	模型8
校正的 R^2	—	0.692038	0.452637	0.972554	0.982543
DW 统计	—	0.618263	0.252836	0.692764	0.881723
F 统计	—	59.28364	15.28364	276.1653	33.2864

注：*、**、***分别表示各系数的 t 统计量10%、5%和1%显著性水平，计算结果由stata12.0得出。

表6-4体现了当被解释变量为经济增长指标时的回归结果，与表6-3结果基本一致。由于劳动密集产业结构指标和贸易开放度存在相关性，因此需要单独回归，回归结果显示，二者对经济增长影响高度显著，贸易开放度对经济增长具有正效应，而劳动密集产业结构指标不利于经济增长（见表6-4中模型5和模型6）。改革开放以来我国经济增长取得了巨大成就，很大程度上得益于经济开放程度的提高，特别是对外贸易的蓬勃发展。当前，在经济全球化加速推进的国际背景下，区域经济合作不断向纵深方向发展。尤其是中国入世过渡期结束、CEPA深入实施、中国—东盟自由贸易区加速形成，为中国更好地发挥综合竞争优势提供了条件。我国对外经济贸易取得了巨大的成就，经济得到了长足发展，对外贸易成为推动我国经济快速增长的动力。而依赖于大量廉价劳动力发展起来的劳动密集型产业普遍被认为对中国的经济增长做出了巨大贡献，但劳动密集型产业的利弊也存在较大的争论。

本书的研究则验证了劳动密集型产业在制造业中的比重越大越不利于经济的可持续发展，这是因为劳动密集型产品效益低，附加值也低，与资本以及技术密集型产业相比对经济增长的贡献率相对而言也较低，而劳动密集型产业比重的提高会占用较大份额的要素资源，从而通过生产大量低附加值的产品而挤占本应由资本和技术密集型产品生产过程中所需要的要素投入，因而不利于调整产业结构，也不利于转变经济增长方式。加入控制变量后，剔除不显著变量发现，劳动密集产业结构对经济增长负影响依然显著，但是贸易开放度对经济增长不显著，这说明贸易开放度和控制变量存在很大程度的相关性。在控制变量中，技术进步和产业结构对经济增长具有正向的显著的影响。技术进步变量在经济增长方程中的系数基本上均显著为正，说明了中国的技术能够通过提高劳动密集型产品的生产效率而促进经济增长。类似地，产业结构的系数在两个方程组也显著为正，一方面说明了工业化进程有利于中国总体的经济增长，另一方面也说明了中国的三大产业结构调整在促进经济发展过程中效果明显。

表6-5体现了当被解释变量为贸易开放度的回归结果，在模型9和模型10中，劳动密集产业结构和经济增长对贸易开放度影响显著，经济增长对贸易开放度具有正效应，而劳动密集产业结构对贸易开放度具有负效应。其中原因：经济增长加大了对外贸易的依存度，进出口数额增加，因此经济增长对贸易开放度具有正效应。而劳动密集产业主要生产具有比较优势产品，而我国主要出口比较优势产品。当我国劳动密集产业发展时，这种比较优势会下降，因此我国出口份额也随之下降，因此当前我国劳动密集产业发展不利于我国的贸易开放。模型11和模型12是在基准模型加上控制变量后的回归结果，结果显示劳动密集产业结构和经济增长系数依然显著，这说明模型设定是稳定的。由回归结果显示表明，我国的整个产业结构和总就业人数都有利于对外贸易度，产业结构的升级一方面需要引进资金设备，同时出口我国优势产品；而总就业人数的增加增大了我国产品，这些富余的产品需要在国外销售。

表6-5　　　　　　　　TR_OPEN 的估算结果（TSLS）

变量名称	变量符号	模型9	模型10	模型11	模型12
截距项	C	1.082762***	-0.892732***	-5.672632***	-0.826735***
劳动密集产业结构	L_STR	-3.672643***	—	-2.365178***	—
实际人均GDP	P_GDP	—	0.362763***	—	0.372625***
技术进步	TEC	—	—	—	—

续表

变量名称	变量符号	模型9	模型10	模型11	模型12
第二产业总产值占GDP的比重	SEC	—	—	0.015273 *	—
总就业人数	WORK	—	—	1.192736 **	—
投资率	INV	—	—	—	—
判定系数 R^2	—	0.422736	0.726353	0.792763	0.726353
校正的 R^2	—	0.398264	0.716253	0.762541	0.716255
DW 统计	—	0.501876	0.642636	0.836253	0.642631
F 统计	—	13.27633	54.27551	26.02873	54.27634

注：*、**、***分别表示各系数的t统计量10%、5%和1%显著性水平，计算结果由stata12.0得出。

二 向量自回归模型（VAR）分析

需要注意的是，上面的联立方程模型仅仅刻画了各变量间的统计关系，并不能反映各变量（贸易开放度、经济增长与劳动密集型产业结构）的相互作用，事实上，在经济系统中，贸易开放度、经济增长与劳动密集型产业结构之间相互影响，在上述方程回归中也有所体现，为克服单方程的缺陷以及反映三者的相互作用，下面用VAR模型进行深入分析。我们采用下述的P阶向量自回归模型：

$$y_t = A_t y_{t-1} + \cdots + A_p y_{t-p} + Bx_t + \varepsilon_t \quad (6.4)$$

其中，y_t 是m维非平稳 I（1）序列；x_t 是d维确定型变量；ε_t 是新息向量。

由于VAR模型要求变量数据为平稳的，ADF单位根检验表明，各变量水平数据为非平稳的，但一阶差分在5%的显著水平下是平稳的（见表6-6）。

表6-6　　　　　　　　各变量平稳性检验

变量	模型选择	检查统计量	1%临界值	5%临界值	10%临界值
P_GDP	(0, 0, 1)	1.028366	-3.7266	-3.0028	-2.6753

续表

变量	模型选择	检查统计量	1%临界值	5%临界值	10%临界值
DP_GDP	(c, t, 1)	-2.736543	-3.7826	-3.2937	-2.6426
L_STR	(0, 0, 1)	-1.927364	-4.4461	-3.2734	-3.2765
DL_STR	(c, t, 1)	-4.416253	-4.4524	-3.6726	-3.2754
TR_OPEN	(0, 0, 1)	-2.116254	-4.3452	-3.2863	-3.2516
DTR_OPEN	(c, t, 1)	-1.652889	-2.3673	-1.9937	-1.6725

因此，本书采取变量的一阶差分形式。同时，由于样本限制，因此需要选择合适的滞后阶数，本文使用 LR 检验统计量、最终预测误差 FPE、AIC 信息准则、SC 信息准则和 HQ 信息准则这五种方式严格确定滞后阶数。最终选定为 4 阶（见表 6-7）。通过脉冲响应函数，可以反映变量间相互作用情况。

表 6-7　　　　　　　　　滞后阶数的选择

LogL	LR	FPE	AIC	SC	HQ
25.83742	NA	1.97E-05	-2.318273	-2.172535	-2.296526
86.27263	97.42736	7.83E-08	-7.782623	-7.172632	-7.726525
93.18726	8.628833	1.06E-07	-7.627253	-6.726261	-7.462531
115.2826	20.373621	3.66E-08	-7.292731	-7.417163	-8.725412
146.2864	19.28267*	6.43E-09*	-9.272636*	-9.018726*	-10.28636*

注：* 为根据相应准则选择的滞后阶数，计算结果由 Eviews 6.0 得出。

从 VAR 模型脉冲响应函数可以看出。第一，经济增长对劳动密集型产业结构冲击影响随时间逐渐增大。同时这种冲击效应具有周期性；而劳动密集型产业结构对经济增长刚开始表现负向冲击，但滞后第 8 期，转向正向冲击，大约滞后第 14 期又转向负向冲击。第二，贸易开放度对经济增长冲击刚开始不显著，但随时间滞后开始产生冲击；而经济增长对贸易开放度刚开始负向冲击，但滞后第 8 期，贸易开放度对经济增长产生正向冲击，随后又转向负向冲击。第三，劳动密集型产业结构对贸易开放度刚开始具有负向冲击，在第 6 期，转为正向冲击，在第12期又转为负向冲击，在第18期又转为正向冲击，这种正负交替变动具有一定的周期性，这种周期性的影响在不断增强；而贸易开放度对劳动密集型产业结构冲击刚开始不显著，随时间滞后这种冲击虽然有所增强，但仍然不太显著。从预测方差分解结果可以看出各因子相互影响程度（见表6-8）。

表6-8　　　　　VAR（4）模型预测方差分解

时期	P_GDP		L_STR		TR_OPEN	
	L_STR	TR_OPEN	P_GDP	TR_OPEN	P_GDP	L_STR
1	0.00000	0.00000	12.71084	0.00000	38.37072	58.95752
2	0.49862	2.56614	7.10330	29.68479	45.23359	33.05571
3	10.11891	38.14568	44.77188	28.78856	42.26651	39.51470
4	44.94229	24.29744	36.59175	22.57895	46.54997	42.15286
5	39.58029	24.41311	35.62667	37.76018	37.58427	35.96456
6	32.19618	38.13314	44.07468	46.11816	35.09765	25.12968
7	24.50672	37.07637	25.39124	42.16245	35.86227	23.40412
8	25.87171	36.36849	39.54866	29.46953	29.98574	25.95503
9	39.64902	34.86873	35.31504	33.01994	24.60301	29.76918
10	21.57091	38.65299	38.73939	37.35379	45.98117	34.75095
11	32.75507	41.10017	32.60840	21.32950	44.97914	33.62532
12	38.45079	29.88410	22.97349	28.37684	27.67851	42.55381
13	44.32119	26.44152	32.00160	44.77194	44.26315	42.87394
14	26.32134	33.17008	27.40386	43.63931	46.74543	25.69241
15	23.01049	38.54803	46.51431	21.45096	27.63759	38.31977
16	46.17373	25.73161	44.18659	28.56277	41.10172	29.32456
17	46.45295	35.01628	25.05861	35.72590	29.80951	39.82575
18	41.07836	21.28599	34.48999	39.43475	35.40852	24.81426
19	46.01428	29.44164	22.95935	35.30280	45.71536	23.12608
20	46.09994	31.48948	38.33977	37.47685	24.29359	34.20112

第一，劳动密集型产业结构对经济增长影响具有滞后性，大约在滞后第3期开始有显著影响，随后劳动密集型产业结构对经济增长影响逐渐增强。在滞后第12期达到最大，然后开始递减。经济增长对

劳动密集型产业结构影响刚开始就具有效应，而且这种效应随时间一直增强，但是经济增长对劳动密集型产业结构影响大于劳动密集型产业结构对经济增长影响。第二，贸易开放度对经济增长具有滞后性，在第2期开始产生影响，然后处于递增状态，大约第16期达到最大，随后开始递减。经济增长对贸易开放度从一开始就产生较大的冲击，随后这种冲击效应几乎保持稳定，但经济增长对贸易开放度效应大于贸易开放度对经济增长效应。第三，贸易开放度对劳动密集型产业结构的效应具有滞后性，在第2期产生影响，随后保持稳定。劳动密集型产业结构对贸易开放度刚开始就有效应，而且这种效应保持稳定，但劳动密集型产业结构对贸易开放度效应大于贸易开放度对劳动密集型产业结构的效应。

第三节 分析与讨论

一 劳动密集型产业的发展具有长期性

改革开放以来，劳动密集型产业是我国经济发展的主导力量，对我国经济发展具有至关重要的作用。而在经济新常态下，对是否还应大力发展劳动密集型产业、如何发展劳动密集型产业却存在一些争议。在此背景下，更需要对发展劳动密集型产业有正确的认识。长期以来，劳动密集型产业是我国的优势产业，但由于在资金、技术、人才和品牌等方面积累不足，我国的劳动密集型产业基本处于国际产业链低端环节。同时，随着我国经济进入新常态，人口结构变化、要素成本上升等因素，使经济结构面临优化升级、发展转向创新驱动。我国劳动密集型产业的发展出现争议，有人认为，我国应放弃劳动密集型产业的发展，转而发展资本和技术密集型产业。该观点并不可取，目前我国正处于工业化发展中期阶段，生产力区域布局层次丰富，劳动密集型产业在很多地方和行业仍是主导产业，一味地追求发展资本和技术密集型产业，可能会出现高新技术产业尚未充分发展、劳动密集型产业优势又轻易丢掉的不利局面。总体看，我国劳动密集型产业

第六章 中国劳动密集型产业转型升级与经济增长的实证研究

发展还将持续较长的时期，原因主要如下所示。

1. 劳动力资源丰富，农业劳动力向非农产业转移过程较长

某种意义上说，工业化发展过程就是农业劳动力向非农产业领域转移的过程。劳动密集型产业几乎是每个人口大国发展必须经历的阶段，美国以劳动密集型产业为主导的工业化阶段持续了110年，日本持续了80年，新兴工业化国家和地区的产业转型则用了半个多世纪。而我国劳动力资源丰富，未来10—20年甚至更长时间，农业劳动力都将向非农产业转移，产业升级转换需要的时间将更长，这决定了我国劳动密集型产业发展存在长期性。同时，推动农业劳动力向非农产业转移，需要加快城镇化建设，发展劳动密集型的中小企业是推进城镇化建设的关键，而城镇化建设不是一朝一夕就能完成的，这也决定了劳动密集型产业发展存在长期性。

2. 区域生产力水平发展不平衡，劳动密集型产业发展空间较大

目前，我国生产力布局层次丰富、地区发展不平衡。北京、上海等城市处于工业化后期向后工业化迈进的阶段，江苏、广东、浙江等省份处于工业化中期向后期转变的阶段，其他省份大多处于工业化中期阶段，个别省份甚至处于工业化初期阶段。一般来说，在经济发展的不同阶段，其主导产业发展差异较大，经济发展水平越低，劳动密集型产业在经济中所占的比重越高。因此，在今后相当长的时间内，我国欠发达地区劳动密集型产业的发展空间仍较大，还必须高度重视其发展。即使生产力水平较为发达的地区，如广东省，由于先发优势、政策优势，改革开放30多年来劳动密集型产业有了长足的发展，但一些产业的规模与层次还未达到饱和或消退状态。因此，尽管在倡导资本密集、技术密集经济的背景下，发展劳动密集型产业仍有重要意义。

3. 劳动密集型产业优化升级需要相当长的过程

产业结构优化升级是各国（地区）经济发展和工业化过程的一种规律性表现，是生产力水平提高和科技进步的结果。从发达国家（地区）的实践看，随着工业化水平的深入推进，产业会逐步从劳动密集

型向资本和技术密集型转化，但需要一定条件，与经济发展总体水平、现有产业结构状况以及资金、技术、人力资源积累等有密切关系，并且转化是一个相当长的过程。产业升级也是我国经济发展的必然要求，然而，由劳动密集型向资本和技术密集型升级不可能毕其功于一役，由于各地区和行业自身条件的差异，产业优化升级的重点和步骤也必然不一致，一般要遵循从低端向高端自然进化的规律。同时，资本和技术密集型产业发展需要较长时间的培育，建立完善的产业配套，这也不是短期能完成的。如，我国煤炭资源丰富、分布广泛，但与先进国家相比，煤田地质构造复杂，自然灾害多，资源开发基础理论研究滞后，安全高效开采和清洁高效利用关键技术水平亟待提高。数据显示，2012年，美国煤炭年产约10亿吨，产业工人约10万人。而2012年，我国煤炭年产36.5亿吨，产业工人约525万人，产量为美国的3.6倍，产业工人却是美国的50倍，人均劳动生产率仅为美国的1/4。可见，受资金、技术条件的制约，我国采煤技术装备自动化、信息化、可靠性程度还较低，煤炭行业还处于劳动密集型发展阶段。

二 通过优化升级提升劳动密集型产业及产品的竞争力

在经济新常态下，传统产业供给能力大幅超出需求，产业结构必须优化升级。目前，我国传统劳动密集型产业结构调整滞后，发展过于依赖政府提供的出口退税等优惠政策，缺乏市场控制权，加上廉价劳动力优势不可能持久存在，已迫切需要转型升级。目前，有学者认为，我国劳动密集型产品是落后的，不能通过优化升级提升竞争力，需要逐步淘汰。但是对于像我国这样的大国而言，由于人口规模巨大，需要以更长时间积累巨额资本才能变成资本丰裕型国家，目前还无法完成劳动密集型产业的自然升级。因此，在当前阶段还不能彻底地淘汰劳动密集型产业，而是要通过提高技术含量、生产效率和质量水平，来增强劳动密集型产品的竞争力。

1. 传统劳动密集型产业发展亟须优化升级

劳动密集型产业是一个相对范畴，伴随着经济发展的全过程，在不同社会经济发展阶段中有不同的产业特征，并处于不断优化升级之中。改革开放以来，随着发达国家（地区）劳动力成本的上升，国际劳动密集型产业大规模向我国转移，大致经历了三次浪潮。一是20世纪80年代，以轻工纺织等产品为代表的劳动密集型产业转移，促进了我国轻工纺织产业升级换代。二是20世纪90年代，我国抓住中低端劳动密集型机电产品，如电视机、电风扇、电话机、照相机等转移机遇，极大地促进了机电产业发展和出口。三是在21世纪初，我国抓住加入WTO带来的新机遇，以信息产业为代表的新一轮高科技产业生产制造和组装加工环节（如装配、检测等）向我国转移，使长江三角洲、珠江三角洲、环渤海湾、福建沿海地区等初步形成了各具特色的电子信息产品制造基地。劳动密集型产品的不断优化升级推进了我国工业化进程，完成了工业化的原始积累，积累了向工业化中后期进军的物质力量。当前，我国传统劳动密集型产品具有技术成熟、资产存量庞大等特点，在嫁接高新技术的基础上进行创新，仍可重新焕发生机。

2. 高端劳动密集型产品将具有较强竞争力

虽然我国劳动密集型产业从整体上看技术含量相对较低，但并非都是落后产业，特别是劳动密集型制造业技术含量普遍较高。据中国海关总署发布的数据显示，2010年，我国超过美国成为制造业第一大国，制造业产出占世界的比重为19.8%。在制造业22个大类中，我国在7个大类中名列世界首位，220多种工业品产量位居世界第一，这其中有相当一部分是劳动密集型产品或生产组装环节，特别是加工贸易。2015年，我国机电产品出口占货物贸易出口的57%，贸易额达1.26万亿美元，其中加工贸易占51%。当前，数字化、智能化正深刻改变着制造业的生产模式和产业形态，也为我国制造业发展带来前所未有的挑战和机遇，今后一段时间将是我国制造业由大到强、实现跨越式发展的战略机遇期。为此，一方面，要下决心淘汰污染环境、资源消耗多、安全性差、损害健康、技术层次较低的劳动密集型制造业，特别是落后、过剩产能。另一方面，要顺应制造业发展趋势，促进劳动密集与先进技术在企业内的有机结合，培育自主品牌和自主知识产权，推动技术含量更高的新型劳动密集型制造业快速发展，加上成本优势，未来我国高端劳动密集型产品将具有较强的竞争力。

三 加快推进劳动密集型服务业发展

经济服务化是世界经济发展、转型与升级的重要趋势，服务业已成为推动经济社会发展的主要力量，是解决就业的主渠道。但目前我国多数地区对服务业特别是劳动密集型服务业认识不足，存在加快服务业发展为时尚早、低估其吸纳就业能力等错误观念。大力发展服务业特别是劳动密集型服务业，可作为吸纳就业的重要渠道。2017年11月9日，2017中拉国际服务贸易（外包）创新发展高峰论坛上正式发布数据：截至2016年年底，我国共有服务外包企业2.81万家，从业人员607.2万人，新增从业人员71.1万人。同时，劳动密集型服务业也是我国应对经济新常态、实现可持续发展的必然选择。

1. 传统劳动密集型服务业比较优势较大

传统劳动密集型服务业历史悠久，就业者无须具备较高的技术或知识水平，所提供的服务主要是满足消费者的基本需求，包括仓储、批发、零售业、餐饮、旅游、家政服务、邮电业等。我国传统劳动密集型服务业依托劳动力成本低的优势，随着劳动者素质的快速提升，经过多年发展，有了长足进步，在劳务输出、建筑工程承包等领域具有一定优势。但由于目前我国多数地区对劳动密集型服务业重要性的认识还不够，没有深入认识到传统服务业是农业发展的保障、是制造业服务化的前提、是现代服务业的基础，在很大程度上导致传统劳动密集型服务业发展滞后。同时，目前传统劳动密集型服务业的体制改革和管制也滞后于其发展需要，对持续健康发展造成了很大制约。随着居民收入水平的不断提高，2016年我国人均可支配收入已达20167元，居民消费结构逐步提升，文化、旅游、休闲、健身、家政、养老

第六章 中国劳动密集型产业转型升级与经济增长的实证研究

等服务消费潜力巨大。为此，应加快促进我国传统劳动密集型服务业发展，依托劳动力资源丰富的优势，大力发展社区服务。如，家政服务、养老托幼、食品配送、修理服务等。同时，应积极运用现代经营方式和技术改造传统劳动密集型服务业。如，加快信息技术在批发、零售等行业的应用；促进经营管理方式变革；提高服务水平和质量等。此外，还应积极承接国际传统服务业转移，将我国劳动密集型服务业的比较优势转化为竞争优势。

2. 现代劳动密集型服务业后发优势突出

近年来，我国服务业在保持较快发展的同时，其内部结构也逐步改善，现代服务业发展迅速，带动作用也开始显现，提升了服务业对国民经济特别是对现代制造业的支撑力，发展潜力较大，后发优势突出。一是政策环境进一步优化。党的十八大报告提出，要推动服务业特别是现代服务业发展壮大，为此，国家和地方出台了一系列鼓励政策。二是我国有较好的制造业基础，随着专业分工意识的增强，制造业服务外包化趋势愈来愈明显，对研发设计、仓储物流、工程咨询、检验检测、节能环保等生产性服务业产生越来越大的市场需求，为服务业发展创造了新需求。三是我国城镇化水平稳步提升，据中国统计年鉴数据显示，2015年城镇化率已达53.7%，使现代服务业可依托城市而快速集聚发展。以电子商务为例，2016年交易额超过12万亿元，同比增长20%，在新技术和模式创新驱动下，电子商务通过各种渠道广泛渗透到国民经济的各个领域。电子商务的快速发展，同时带动快递业务量的激增，2016年业务量达140亿件，同比增长52%，跃居世界第一。四是扩大对外开放为我国现代服务业发展带来新机遇，随着金融、教育、文化、医疗等服务业领域的有序开放，育幼养老、建筑设计、会计审计、商贸物流、电子商务等服务业领域外资准入限制的逐步放开，国际服务业将向我国加快转移，既带来资本投入，又能引进先进的管理模式、营销手段和创新技术，有利于提升我国现代服务业的整体发展水平和竞争力。

四 不宜盲目地将劳动密集型产业由东部向中西部转移

在经济新常态下,随着我国制造能力的大幅度提升,东部地区部分劳动密集型产业发展呈现产能过剩态势,通过产业转移,不但使东部地区更积极地寻求产业升级,中西部地区也可根据自身优势承接产业转移而实现快速发展,实现区域发展共赢局面。然而,劳动密集型产业不宜盲目地由东部向中西部转移,一方面,东部地区劳动密集型产业仍有一定发展空间;另一方面,中西部地区不宜照单全收产业转移,而要避免潜在的风险,有序承接产业转移。

1. 东部地区劳动密集型产业仍有一定发展空间

经过改革开放40多年的发展,东部地区劳动密集型产业由于土地、劳动力、能源等生产要素供给趋紧,加上市场需求饱和、资源环境约束矛盾日益突出等问题,加工工业和低端劳动密集型产业向中西部地区转移的趋势日益明显。但从总体看,东部地区劳动密集型产业仍有一定发展空间,部分劳动密集型产业的发展空间与优势短期内不会消失。据中国海关总署发布的数据显示,我国纺织服装出口在全球份额从2008年的26.2%逐年提高到2011年的15.2%,2012年东部地区江苏、浙江、上海、广东、山东5省(市)的纺织业投资、产值和出口分别占全国的47.6%、71.5%和71.6%。值得注意的是,从国际经验看,产业升级也是一个长期过程,不能人为地"拔苗助长",即简单地将劳动密集型产业全部转移。我国东部地区部分地方盲目地转移传统劳动密集型产业,但新兴产业还未充分发展,在短时间内难以替代传统产业,容易导致产业空心化。总体看,目前我国东部地区正经历结构调整的阵痛期,劳动密集型产业外迁过快,可能影响当地就业,进而影响当地经济社会的稳定运行。为此,东部地区还应大力发展优势劳动密集型产业,不断延长产业链,打造完整的价值链。同时,在产业升级过程中,东部地区应注意大力发展服务外包、现代物流、研发设计等现代劳动密集型服务业。

2. 中西部地区应有序承接劳动密集型产业转移

中西部地区具有资源丰富、要素成本低、市场潜力大、基础设施和投资环境明显改善等优势，具备积极承接东部地区劳动密集型产业转移的条件。2008年国际金融危机爆发以来，中西部地区承接产业转移进入加快发展阶段。产业转移不仅弥补了中西部地区资金不足，还带来大量先进技术和管理经验，有利于提高就业水平，加速新型工业化和城镇化进程，促进区域经济协调发展，缩小与东部地区的发展差距。据国家统计局网站公布数据，2016年上半年，从固定资产投资看，东部地区同比增长16.3%，中、西部地区则分别增长19.2%、18.6%，高于全国17.3%的水平；全国规模以上工业增加值按可比价格计算同比增长8.8%，其中东部地区同比增长8.4%，中、西部地区分别同比增长8.8%和10.8%，中西部经济增速在产业转移作用下加速上扬。

在劳动密集型产业转移过程中，由于部分中西部地区产业准入门槛较低，过于看重眼前利益，急于创造政绩，也带来许多问题。如，不注意环境保护、不珍惜土地资源、不关心节能降耗、不考虑产能过剩等，在经济取得快速发展的同时，产业层次低、核心技术少、市场竞争力弱以及环境和土地承载力低的矛盾也愈加突出，为今后发展留下许多隐患。因此，中西部地区应有序承接东部地区劳动密集型产业转移，一是从注重数量扩张向数量质量并重转变，有选择、有条件地进行产业承接，凡是转移之后产能得不到提升、技术得不到优化、效益和市场竞争力得不到增强的产业和项目，一般不宜承接，尤其要避免被淘汰的落后产能异地转移。二是防止对环境资源的破坏，注重节能降耗，保护土地资源，对污染十分严重、处理能力不强、处理成本过高、节能降耗不达要求的企业与项目，坚决拒绝落户。同时，按照项目的投资强度、产出能力和市场状况供应土地，保护好土地资源。三是在国家区域发展战略布局指导下，加强区域内的统筹协调，因地制宜、因时制宜，结合各自的实际，找准定位，培育发展特色产业，避免产业趋同和恶性竞争。

五 继续大力促进劳动密集型产品和服务出口

2008年国际金融危机以来,东部地区劳动密集型企业特别是出口导向型企业受到重创,出口量大幅度降低。总体看,我国劳动密集型产品出口竞争力水平较低,主要靠数量扩张,附加值不高。因此,有学者认为,为促进出口结构优化和升级,我国应调整贸易政策,减少甚至取消对劳动密集型产品出口支持,同时大力促进资本和技术密集型产品出口。当前,我国出口贸易发展已进入新常态,增速大幅放缓。在这种情况下,我国不仅不能放弃劳动密集型产品出口,还应在相当长的时间内继续发挥劳动密集型产品和服务出口对经济发展的支撑作用。

1. 劳动密集型产品出口仍具较强竞争力

扩大出口是发展中国家推动经济增长和发展的重要途径,但由于缺乏资本和技术,因此初级产品和劳动密集型产品成为主要出口商品,且大多处于全球产业链低端。我国也不例外,劳动密集型产品出口大量为贴牌生产,自主品牌产品出口较少,出口产品层次较低,国内增值率不高。但从实践看,随着劳动者知识水平和技术素质的提高、配套供给能力的提升、高新技术的融合应用,我国劳动密集型产业链日趋完善,技术含量和附加值也在不断提升,自主品牌和自主知识产权产品出口增长快速。中国海关总署网站数据显示,2015年我国手机出口数量达11.9亿台,同比增长16.9%;一般贸易方式出口5亿台,占比42.6%,国内手机品牌迅速崛起,市场占有率不断增长,特别是以中兴、华为、联想、酷派、小米等为代表的国产手机厂商,加快了海外市场拓展速度,逐步提高品牌影响力,成为促进我国手机出口的重要因素。总体看,我国劳动密集型产品出口仍有较大潜力,原因主要有:一是劳动力资源优势明显,在未来相当长的一段时间内,随着中国城镇化水平的进一步提高,大量农村劳动力转移到城市,劳动力资源丰富的状况不会发生较大改变。二是受教育程度明显提高,我国高等教育统计公报发布,2017年大学入学率高达42.7%,

中国目前大学劳动力素质越来越好。三是劳动生产率提高还有很大空间，国家一系列创新驱动政策不断提高我国劳动生产率水平，目前我国劳动生产率不仅远低于发达国家，在发展中国家也仅处于较低水平。四是国内具有巨大的市场需求，劳动密集型产业集群效应明显。五是随着电子商务的快速发展，物流效率明显提高。因此，在经济新常态下，我国劳动密集型产品出口竞争力仍能维持相当长时间。

2. 服务出口快速增长，发展态势良好

服务全球化正在悄然改变着世界经济发展模式，服务业的价值创造体系在全球范围内进行资源重构与整合，成为各国"软实力"的角逐焦点。随着我国产业结构调整，服务贸易也保持快速发展态势，据中国海关总署网站数据显示，2016年1—7月，我国服务出口达1310.2亿美元，同比增长16.7%，服务对出口的支撑作用持续增强。其中，服务外包作为新兴的劳动密集型行业，逐步从规模快速扩张向量质并举转变，2016年，我国企业共签订服务外包合同20.4万份，合同金额和执行金额分别为1072.1亿美元和813.4亿美元，分别同比增长12.2%和27.4%。随着我国对外开放特别是服务业领域开放的不断扩大，在经济转型过程中，服务业吸引外资已占我国吸引外资总额的50%以上。未来，应进一步夯实服务业的发展基础，加快提升其在GDP中的比重，大力发展服务贸易和服务外包，推动服务企业走出去，逐步由服务贸易大国向服务贸易强国迈进。

第四节　研究结论

综合联立方程模型和VAR模型分析结果，本章得出以下基本结论。第一，贸易开放度对经济增长具有正影响，但是这种正影响具有非线性和滞后性：经济增长对贸易开放度刚开始就产生负影响，但滞后第8期，经济增长对贸易开放度产生正影响，同时，长期来说，经济增长对贸易开放度效应大于贸易开放度对经济增长效应。第二，劳动密集型产业结构对经济增长具有负效应，且具有滞后性，然后呈先增后减变动。经济增长对劳动密集型产业结构也具有负效应,这种效应随时间一直增强,且大于劳动密集型产业结构对经济增长的负效应。第三,劳动密集型产业结构对贸易开放度刚开始具有负效应,而且这种效应保持稳定。贸易开放度对劳动密集型产业结构也具有负效应,且具有滞后性,但不太显著。同时,劳动密集型产业结构对贸易开放度效应大于贸易开放度对劳动密集型产业结构的效应。

  本章研究的政策含义在于,首先,在劳动密集型产业方面,本文的结论表明,从长期来看劳动密集型产业的发展不利于经济可持续增长。因此需要通过政策引导劳动密集型产业调整,同时促进其产品的品牌开发和技术创新,提高劳动密集型产品的生产效率以及附加值,扭转劳动密集型产业占用资源多、产出效率低的局面。其次,在经济增长方面,本文的研究发现以往依赖劳动密集型产业发展的模式已无法成为经济增长的持续动力,同时经济增长本身也会降低劳动密集型产业的份额。因此政府当前的政策目标是优化产业结构,促进要素资源的合理配置,提高要素的使用效率。最后,在贸易政策方面,政府外贸政策的重心应该放在改变出口产业结构,使之朝着有利于转变经济增长方式的方向转变。与此同时,促成多元化贸易模式,避免出口贸易过于集中,降低贸易摩擦的可能性。此外,在经济全球化的背景下,我国的贸易政策应以提高附加值和出口收益为重心,而不是过于强调出口数量。

  本书研究不足主要没有把劳动密集型产业区分为低水平劳动密集型产业和高层次劳动密集型产业。对于低水平劳动密集型产业的产品,其出口受到外国工会的抵制,而高层次劳动密集型产业产品的出口所受到的限制相对很小,因此发展人力资本和高薪劳动密集型产业是提高出口结构和出口水平,进而实现经济发展方式转变的重要途径。

第七章 发达国家劳动密集型产业转型升级经验借鉴

第一节 韩国劳动密集型产业转型升级的经验

一 韩国劳动密集型产业转型升级的措施

在东亚地区,韩国是劳动密集型产业转型升级比较成功的案例。在1953年期间,韩国人均GDP值仅仅只有67美元,然而在政府领导下,市场经济进行变革调整,1994年,韩国人均GDP值便达到了10076美元,位居世界第11名,在短短30多年间,韩国市场经济突飞猛进。如图7-1所示,为韩国自从2007—2016年国内生产总值变

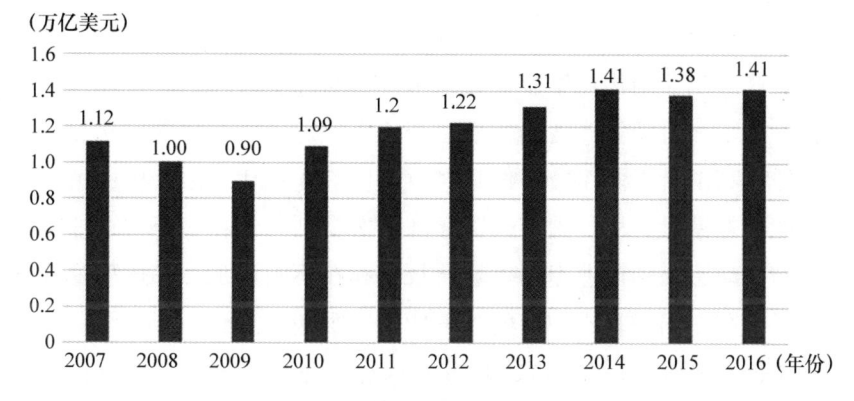

图7-1 韩国GDP值变动趋势

数据来源:http://www.360doc.com/content/17/0903/00/19784046_684242277.shtml。

动趋势图，从图7-1可以明确地看出韩国的国内生产总值增长速度之快。截至2016年，韩国国内生产总值已经达到了1.41万亿美元，人均生产总值达到了27539美元。韩国劳动密集型产业转型升级取得了良好的成功，使得韩国经济得到了快速发展，值得我国借鉴与学习。

1953年的韩国，由于当时经济落后，且是以劳动密集型产业为主导，所以大部分企业的发展都是依靠人工力量。但这样的情形在1973年有所改变，由于石油危机的突发，迫使韩国劳动密集型产业必须转型，从而走市场经济道路。这也是韩国政府第一次以发展汽车、机械、造船等重化工业为主，从而符合了时代发展要求。韩国在1973年才成立了本土的三星电子产业，1974年之后才开始了自己的国产汽车组装技术和产业，在这之前都是依靠日本丰田汽车零部件的进口。在重化工业需要大量资金的时候由政府出面向国外金融机构进行贷款。与此同时，成立很多工科研究大学以培养研究人才，还广泛吸引外来科技人才，为他们提供优质的生活质量以让他们更加高效地投入工作中，这样不仅能够有效解决人才技术方面的问题，同时还能够增强国家技术。尽管在20世纪七八十年代韩国经济转型发展较快，可是第二次石油危机的爆发又给韩国经济带来了重创，导致部分企业产能利用率降低至只有三成。这使得韩国政府不得不将KID提出的意见引用到这次产业结构调整中，其中第一就明确了必须继续推动产业转型，将汽车和造船等产业当作重点产业发展。尽管这样的做法在前期有效地提高了员工的工资，但是在20世纪90年代，由于中国劳动密集型产品的销量大增，迫使韩国经济再次受创，仅在5年中企业倒闭数量、劳动密集型产业退出市场的数量都在不断增加，韩国就这样被迫成了处在中国和日本中间的"三明治"面包[1]。

大企业之所以在20世纪90年代获得了迅速的发展就是因为当时中小企业处于发展瓶颈期，大企业为了降低人工成本，将项目分发给

---

[1] 朱灏：《韩国经济的复苏及其启示》，《亚太经济》2007年第5期。

了小企业，让小企业承包的话，劳动力会更加廉价，这样大企业也就获得了更丰厚的报酬。正是因为大企业具备市场定价能力，中国的发展又给了韩国大企业提升的平台，这样更是迫使韩国中小企业不得不瓦解，这也是20世纪90年代韩国大企业能够发展的原因，这将韩国从最初的产品生产国慢慢转变成为中间产品输出国。有相关资料表明韩国与中国近年的交易逆差在不断扩大，证实了韩国已经完全从最终产品生产国转型且正在成为在东南亚的产品主要输出国。这样的"三明治"境遇完全是由韩国自主转型且不断创新开放解决的。韩国当前R&D的投入占GDP的比例已经高达3.1%，在全球增长速度中排名第一。R&D投入研发费用分别为企业六成，科研院校占两成，政府投入占两成。高端技术的学习、先进设备的购买都是韩国政府在自主研发这条道路上积极提倡的，此外还要在本国的基础上将引进的新技术加以利用并出口带动进口，有效提高研发能力，实现韩国最终的自主创新提高[①]。

如图7-2所示能够更加深入地了解韩国劳动密集型产业。韩国

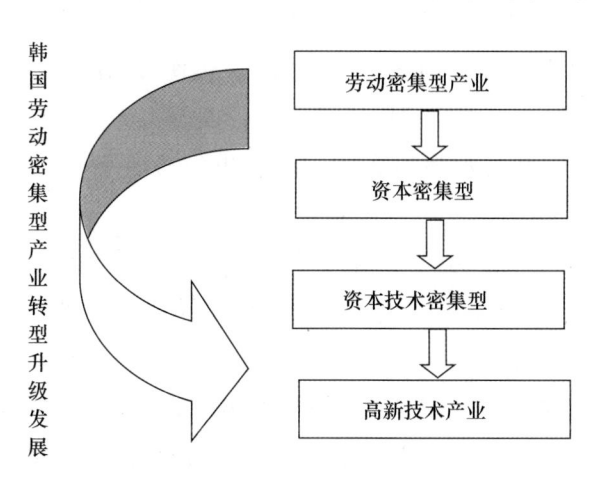

图7-2 韩国劳动密集型产业转型升级发展路线

---

① 丁力：《韩国转型启示录》，《大经贸》2010年第12期。

在20世纪60年代初成功承接了日本成熟产业,也是在这个时候由进口走向了出口导向型产业。直到70年代才开始发展重工业化以及高新技术化产业。为增强产业出口竞争力韩国产业不断从劳动密集型到资本密集型再到技术密集型和高新技术转变。

韩国在劳动密集型产业转型升级发展过程中,主要采取的措施包括以下几个方面。

第一,政府主导的角色突显。韩国早在20世纪80年代大部分依靠政府指导,国家干预经济,所以后期才会形成以政府为主体的市场经济体制,这样对企业而言还有明确的优惠作为回馈。在此之后,韩国才渐渐用法律取代了国家直接干预经济的方式。韩国国家政府关于产业政策、技术创新等政策的颁布有效地提高了韩国经济的快速发展,政府成为发展的驱动力之一。

第二,集团战略的实施。20世纪70年代起,韩国政府为了提高经济增速,在降低资本分散性的同时采取了各式各样的去财政以及信贷等优惠政策,鼓励并扶持了很多大型企业和公司集团,不仅提高了资本集中度还有效推动经济发展,国际竞争力也因此增强,从而促使大型企业的发展,以达到各部门的发展,也使韩国的出口成为带动经济的主要因素。[①] 韩国之所以能提高自身竞争力完全取决于这种以政府为主导的集团化战略的实施,同时也结合了韩国的国情,顺势而为。

第三,战略产业为优先选择。最初见到的重工轻农以及重出口轻内需的情况,是因为在20世纪60年代韩国仍处于起步,只能采用这样的政策缓解事态,而1972—1979年韩国逐渐转型将产业倾向于重工业,将钢铁以及汽车等多项产业指定为战略性产业,也在此时产业由轻至重开始转型。紧接着为了顺应时代的发展,韩国在20世纪80年代后开始发展技术知识型产业,信息技术产业的开辟才是当今韩国

---

① 黄娅娜:《韩国促进产业转型升级的经验及其启示》,《经济研究参考》2015年第20期。

第七章　发达国家劳动密集型产业转型升级经验借鉴

所崇尚的发展形势，随之出台了《信息化基本计划》等相应政策。目前的主力出口商品①也渐渐成为半导体、液晶显示屏等产品。为了让信息技术的发展推动韩国经济增长，韩国政府决定将集中发展第四代移动通信等核心系统，且在今后5年时间将其作为提高就业率的主要措施。由此可见，有重点、有效选择产业是韩国在整个发展过程中以及特定时间段所采取的有效措施。

第四，财税政策的实行。20世纪60年代韩国就早已提出《科学技术振兴法》，这项政策目的不仅是要重视技术创新，更是要将税收在技术进步以及经济发展过程中的作用体现出来。在1974年，韩国政府为了鼓励重点产业还特意颁布了《新技术产业化投资税金制度》这样一部法律。之后又相继制定了《科研设备投资税金扣除制度》以及《技术转让减免所得税制度》。其中特别税收待遇在1974年实施，为鼓励重点部门，其可以在税收包括免税期和特别折旧等选择一项进行减免。在1973年韩国还推行了《技术开发研发促进法》并经过两次修改完善，从而促进技术开发。为了有效鼓励企业进行技术研发，《技术开发研发促进法》还提出了免征年度研究开发非资本性开发的税金、减轻研究开发设备的进口税以及免征企业研究机构不动产土地税等措施，以符合企业的发展需求。最后是市场化以及产业化的实现。根据韩国法律条文《租税特例限制法》，明确表示对有申请专利的或者实用型的本国人的转让支出技术所得，或者技术工艺所得都能够得到相应的政策减免优惠。税收抵扣政策的实行针对国内当年的新技术产业投资也有相应的减免政策。其他需要实施优惠政策的项目还包括本国科技部认定的新技术，以及通过招标的符合国内需求的项目②。

第五，关于传统产业的发展以及提升。关于传统产业的不断发展韩国政府也是高度关注的，比如纤维纺织业就是很好的例子。在20

---

① 虞锡君、熊红红：《韩国经济转型升级经验及对嘉兴的启示》，《嘉兴学院学报》2010年第2期。
② 沈正岩：《产业转型升级的"韩国经验"》，《政策瞭望》2008年第3期。

世纪90年代初期，纤维纺织业还是韩国的重点产业，但随着亚洲等国家的市场冲击，导致韩国纤维纺织业在国际市场的比例大幅下降，造成了很多纤维产业向劳动力等成本不高的地区迁移。在这样的情况下，韩国部门积极调整发展结构，在恢复老工艺的同时，将化纤以及纤维等产业有效结合起来，进行了较大的整合，从而开发了传统工艺的发展和提升。韩国政府还主张成立了韩国染色技术研究院、纤维开发研究院等相关的工业园区，从而达到了从染色到实验、信息化、技术化的新兴研究方法，也建成了更为技术先进的研发基地，将传统工业与现代工艺有效结合，实现了完美的一体化过程。有相关数据表明，1997—2004年韩国的纺织服装行业达到了高达761亿的美元顺差和120多亿美元的逆差，不仅是韩国各产业的榜首，更展现了传统产业转型升级后的潜能，因此韩国政府也在加大力度挽救传统产业，并将新技术加入其中完成升级转型。

二 韩国劳动密集型产业转型升级的经验启示

韩国在应对市场冲击时有效地调整市场秩序，避免了东盟国家的市场冲击，针对价格低、劳动力成本上涨等各种情况，也能有条不紊地将产业进行升级转型，且能够取得卓越的成效，这样的市场经验，是值得我国学习和效仿的。目前我国也面临劳动力成本提升导致劳动密集型产业无法发展的问题，若想继续促进产业发展就必须借鉴他国经验，但在借鉴的同时，有几点也是需要我们关注的。

第一，必须将政府的有形手和市场的无形手相结合，大量吸引外资，积极引进外来设备和技术，且在较短时间内能够组成销售团体，鼓励帮扶产业不断打入国际市场是韩国政府的着力点。在韩国政府将审批、土地使用、税收等政策颁布后，不仅降低企业的成本，同时还有效地将产业自动聚集在一起，形成产业带的同时还形成了自己独具特色的首都圈产业带，并立足于全球市场交易链中成为零部件等供应中心。这一举措值得我国学习，根据我国的市场制度，这样有利于我国市场经济更加完善，同时能形成有效的产业带，共同带动我国经济

第七章　发达国家劳动密集型产业转型升级经验借鉴

的发展。

第二，相关政策的完善能够带动企业发展。其中能够有效将新兴工业国以及韩国经济区别开的只有大型企业的发展速度了。20世纪70年代一大批企业在政府的信贷和税收等优惠政策中得到鼓励和帮扶，才能够演变成为今天的三星、SK集团等一大批拥有着雄厚资金实力的企业，这些企业也是能够影响国家经济命脉的经济巨头。因为大型企业的崛起，从而也有效降低了资本的分散性以及浪费，在提高资本利用率的同时还有效地提高了韩国产品的市场竞争力，由此可见，韩国经济的重要发展方式就是大型企业的对内垄断以及对外贸易。韩国整合造船业是在1997年之后，这样使现代重工业又成为造船业的助力，同时也体现出了集团内部以及市场的不断完善。我国也可以利用这样的发展方式，用大企业带动中小企业的发展，但目前我国发展的阻碍就是我国的知名品牌数量少，而占有量大的中小企业名号又无法在国际市场立足，这样一来不仅直接影响了竞争力，较低的出口率也导致我国经济发展增速慢。但若是能够将韩国的重视大型企业的政策发挥出来，不仅能提高我国产品知名度，同时还能增加进出口量，不仅有了有效的收益，同时还为我国后期的市场经济转型奠定良好的基础。

第三，要把产业政策和贸易政策结合，达到产业升级和贸易转型。产业结构的组织升级是在20世纪90年代后期，韩国因为落实了技术化的发展方向，同时还组建大型集团带动了升级活动，从而使韩国的自主创新能力在不断地提升，其中还包括技术提升，以及全球合作化，跨过公司内部的不断完善。如今，为了促进产业的升级以及转型，重点扶持精密化学、精密机械、计算机等高科技扶持策论都在一一展开，在引进优秀技术的同时，还进一步稳固大型企业的发展，使其成为韩国重点发展产业。将自己的发展定义为全球分工整合者是韩国目前在大环境里发展的主要角色，还将动态性以及全球化等软性产业也作为发展方向。生产成本大，主要依靠人力生产是我国目前劳动密集型产业的特征，低效的生产方式不仅影响着成本的高低，同时还影响了产业的规模。如果我国想在新兴产业获得长足的进步，就必须取其精华，来应对不断创新的时代，也只有这样才能增强我国的技术水平，完善我国的市场经济体制，为今后的发展奠定基础。

第四，品牌效应很大，必须要创建属于自己的品牌。有些经营者想要扩大自己的产业，必须要引进先进的设备技术，建立属于自己的品牌。亚洲金融危机在20世纪90年代后期发生，于是，韩国制定"科技立国"战略，战略中，改变产业结构。引进开发各种先进技术，并在一些领域中快速地取得了成绩，这些产业在国际中也备受瞩目。总而言之，这个战略就是以先进的技术和一些利润高的产业进行产业结构优化。与韩国相比，我国几乎没有什么具有知名品牌的企业。就像我国服装行业，与出口成品不同，一般都是出口一些服装业需要的原材料，这种材料价格也特别低。而国外那些品牌度较高的企业通过生产衣服，就算价格定得特别高，也会有大量的人员进行购买，通过这些，他们能够获得巨大的利润。如果我国的相关产业不针对这一现象进行改变，那么，注定只能被那些大型企业欺压，只能够赚取靠出卖劳动力获得的极少利润。针对这个问题，可以选择优化产业结构，创建属于自己的品牌，并将这个品牌推向全世界。生产服装的公司，可以选择高薪聘用知名设计师，创建一个属于自己的、拥有特色的品牌，并加以宣传，这样才能获得高额利润。

第五，对于"夕阳产业"，必须要让它们逐渐转移、消失。就比如韩国，从20世纪80年代开始缺乏廉价劳动力，出口加工贸易行业逐渐走下坡路。于是，韩国企业选择在国外寻找廉价劳动力，将企业设到国外地区。但是，有些产业的转移和升级如煤炭、纺织等产业必须在政府的领导下才能进行。现在，我国正面临韩国当时的境况，国内廉价劳动力缺乏，相关产业的发展难度提高，所以，必须想方设法在国外寻找劳动力、降低成本。政府部门必须对这些加以重视，并制定相关政策。

第七章 发达国家劳动密集型产业转型升级经验借鉴

第二节 新加坡劳动密集型产业转型升级的经验

一 新加坡劳动密集型产业转型升级的措施

新加坡属于人口比较密集国家，土地资源紧缺。市场经济在发展过程中，最初是以劳动密集型产业为主，但是新加坡认识到劳动密集型产业发展不能够带动新加坡市场经济发展，便先后进行产业转型升级改造，加强对土地集约管理，引进培养人才，调整新加坡产业结构，以此带动了新加坡市场经济的发展。2016年，新加坡国内生产总值达到了310.56亿美元，人均生产总值达到了54517美元，全世界排名第39名。对新加坡目前国民生产水平进行调查，如表7-1所示，截至2016年国民总收入已经达到了2874.7亿美元，正在逐年上升。

表7-1　　　　新加坡的国民生活水平调查统计

指数	2012年	2013年	2014年	2015年	2016年
家庭最终消费支出（亿美元）	1131.06	1124.48	1166.60	1066.69	1113.64
国内总储蓄（现价美元）	1350.68	1551.27	1603.27	1556.29	1521.07
国民总收入（现价亿美元）	2715.85	2907.59	2985.91	2789.38	2874.70
国家总储备（亿美元）	2659.10	2777.98	2615.83	2518.76	2510.58
人均GDP年增长率（%）	-1.14	2.18	1.59	0.81	0.68

数据来源：http://www.360doc.com/content/17/0302/13/642066_633330560.shtml。

新加坡建国以来，先后实现了5次转型，如图7-3所示，平均每10年一次，从最初的劳动密集型，到经济密集型、资本密集型、科技密集型，再到今天的知识密集型，不断升级。

1959—1967年，出口贸易行业的发展越来越难，于是许多相关企业开始转型升级。在1959年新加坡拥有自治的权利，它以转口贸易

·137·

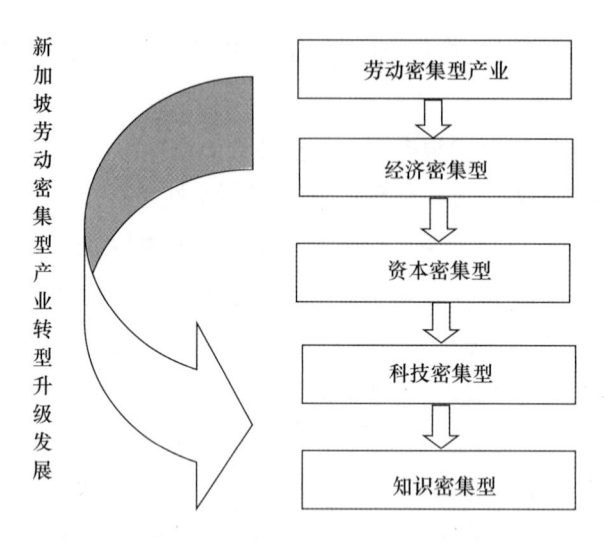

图7-3 新加坡劳动密集型产业转型发展阶段

作为核心产业。而其他产业如制造业等的地位则稍微低点。但是这种产业结构有个很大的问题,那就是很容易受到外界因素的影响。后来,与它相邻的国家都开始发展这个行业,使得新加坡的优势逐渐丧失,国内开始爆发经济大危机,失业率大大提高。于是,新加坡政府制定了一系列政策,以进口产业为核心,不再以转口贸易为核心。这个政策实施后,众多产业开始发展,如食品、印刷等。通过近10年的发展,制造业的生产总值提高将近两倍,而贸易业的生产总值所占总产值的比例降低到32.28%,为产业的升级打下基础。1960—1967年,国内的生产总值平均每年增长7.63%,新加坡的经济发展能够如此迅猛与这些政策有很大关系[1]。

1967—1979年,各种新型产业纷纷冒出。1965年8月新加坡宣布脱离马来西亚联邦,完全独立,于是,失去马来西亚这个市场,进口产业的发展越发艰难,国内失业的人比比皆是。针对以上问题,政府部门快速改变政策。加大出口行业的投资,制定各种优惠政策引进

---

[1] 杨建伟:《新加坡的经济转型与产业升级回顾》,《城市观察》2011年第1期。

第七章　发达国家劳动密集型产业转型升级经验借鉴

外国企业进行投资。于是，制造业和金融服务业快速发展。为减少失业人群，新加坡选择发展劳动密集型的制造业。并且颁布《经济扩展法案》。在其中，明确指出将会对基础设施进行完善，并且会降低税收。除此以外，对那些有前景的企业提供各种便利如贷款、融资等。不仅如此，政府为对工业区进行规划管理，还成立裕廊管理局等机构。20世纪70年代后，因为制造业的快速发展，人们的经济水平提高，发生通货膨胀。新加坡政府开始发展资本密集型产业。其中，炼油业备受重视。到70年代末，新加坡的炼油业已经很发达，全国拥有四家炼油厂如荷兰皇家蚬壳公司等。在这个时期，新加坡的经济增长率每年高达10.10%。并且产业结构不断地优化，很快成为具有国际竞争力的国家[1]。

1980—1985年主要以技术密集型的产业为产业结构的核心。经济水平的提高，使得新加坡又出现新的问题，例如劳动力严重缺乏、劳动力成本提高等。于是，产业结构又以高附加值产业和技术密集型产业为核心。产业结构的优化主要通过三种方式实现。第一，对技术方面的教育加以重视，整个国家履行"自动化、机械化、电脑化"的方针。通过教育，发现培训技术人才。第二，采取一些优惠政策如减少税收，增加补贴等，让一些相关企业和技术人才加入、投资。第三，为加快新加坡金融行业的发展，政府部门决定提高高附加值的金融和其他服务业的比例。这一政策的制定为新加坡成为"知识型服务业"的领头羊打下基础。不仅如此，新加坡会计、法律等相关行业也开始发展。

1986年以后，新加坡开始以服务业和知识密集型产业为核心。1985—1986年，新加坡的经济发展开始迅速衰退。于是，制造业、服务业等开始发展。对本国的企业开始加以重视。不仅如此，其他行业的优惠政策也开始运用到服务业中。为新加坡能够成为世界有名的经济中心打下牢固的基础。同时，在这一阶段，新加坡的经济不断持续

---

[1] 杨建伟：《新加坡的经济转型与产业升级回顾》，《城市观察》2011年第1期。

增长，而且是以每年平均8.6%的速度。而在生产总值中，2013年金融和商业服务业的比例也分别增长到21%和27%[①]。经历两次经济大危机后，面对来自四面八方的挑战，新加坡选择大力发展知识型产业。开始研发设计产品，并将这些产品制造出来，获得高额利润。除此以外，还决定加大以知识为核心的其他产业的投资如服务业，通过这些，不仅能够获得高额利润，还能够推进科技的发展。

新加坡的面积比较小，但是却能够成为全球著名的货运码头，全球著名的经济发展中心，这是因为他们的产业结构经过多次的升级改善，产业类型发生多次改变，注重科技的发展。尤其是在新加坡遇到各种经济问题时，政府部门能够及时制定正确的政策，加以实施。在新加坡对劳动密集型产业加以转移升级中，采取了多项措施。

第一，定位明确。在什么阶段发展什么产业，并且制定相关优惠政策，吸引众多跨国公司，引进先进技术。从20世纪90年代开始，新加坡为发展高附加值和高技术的相关行业，利用自身具备的优势，与发达国家进行合作，不仅引进先进技术，也促进加工贸易行业的发展。在出口贸易中，高新技术产品的比例达到70%。而金融危机爆发后，新加坡针对金融危机的特点，抓住机遇，实施产业结构的全面优化。制定新的经济战略，发展技术性强的产业如制药业、新能源产业等。这一政策的实施使得以知识为核心的产业快速发展。实现产业结构的升级，不再局限于制造，开始研发新产品。[②]

第二，新加坡为吸引外国企业的投资，制定了很多优惠的政策如减少税收等。除此以外，对基础设施也开始逐渐完善。不仅促进本土经济的发展，也吸引更多的大型企业在新加坡稳定发展。除了以上措施，新加坡还制定详细的商业发展计划。在新加坡进行注册的公司和企业会享有一定的补贴，还提供咨询服务，有问题可以直接向相关人员进行咨询。所有的政策只有一个目的：引进先进技术，希望将这些

[①] 孙宏超：《新加坡：便捷的电子政务》，《中国经济和信息化》2013年第2期。
[②] 赵超：《新加坡产业转型升级及其对广东的启示》，《岭南学刊》2010年第4期。

技术运用到本土。而且，通过提供相关信息可以促进服务业的发展。希望借此成为国际经济中心，提高在国际中的地位，使得跨国公司与本土企业之间的合作更加稳定，进一步优化产业结构。扩展企业管理人员的视野，争取成为跨国公司。

第三，施展区位优点，加快建设"复合型"区域经济中心步伐。20世纪70年代，新加坡将资本密集型产品发展提上日程，表示要着重重视，以达到应对全民就业问题、通货膨胀造成社会压力等危机的目的。充分利用绝佳的地理位置及丰富的资源，新加坡大力发展炼油产业，直到70年代末，新加坡炼油产业成效不错，已经自主拥有荷兰壳牌、美孚石油等四座炼油厂，成为全球继美国休士顿，荷兰鹿特丹的第三大炼油中心。因为贸易政策的支持和地理位置表现出来的优势，新加坡的贸易成本大大下降，因而新加坡成为东南亚地区重要的自由贸易港。到90年代后，由于多元化的产业发展，新加坡掌握了在商业服务、金融服务等行业的全球竞争特点，转变单一的转口贸易港口模式，大力发展东南亚重要的金融中心、运输中心和国际贸易中心。"复合型中心"成为新加坡这一城市国家发展最具有影响力的国家名片。

第四，加大研究发明资金投入，提高自主创新能力，加强知识密集产业的投入，提高国际竞争力和软实力。新加坡政府重视科学研究的发展，加大对研究的资金投入，一边改革传统产业结构，一边探索和发展前沿高新产业，抓住经济全球化的发展机遇，鼓励企业向知识密集型产业方向迈进，支持产业创新。亚洲金融危机危及各个国家，为了减少影响，新加坡提出了把产业结构转化为"知识型产业枢纽"的方法，提高制造业的价值创造，把制造业从下游产品生产环节升级为研发等环节，成为新产品研究的领头羊；支持市民到海外发展，学习利用国外的技术和知识及能源，扩大新加坡的经济影响力。除此之外，加快创意产业发展的步伐，支持对信息产业等高级技术产业的基础技术的研究和发明。据相关的研究表明，在过去10年中，新加坡不断加大研究资金的投入，下拨的研发经费支出已经可以与一般发达国家相比肩。

第五，注重教育与知识人才的培训。新加坡人多地少，自然资源不及其他国家发达，因而高水平的人力资源在其经济发展中起着重要的作用。新加坡政府十分支持人才的培养，积极号召"人才立国"的口号，人才战略成为国家经济发展战略不可缺少的一部分。为了响应这个"人才立国"的口号，新加坡与德国等发达国家建立合作伙伴关系，成立了德新学院等培训机构，极大促进新加坡在机器人技术、计算机硬件及软件等行业的发展。新加坡还主动与海外各大高校建立合作伙伴关系，培养国外商务人才。不仅这样，新加坡通过不同的政策来吸引外籍人才在新加坡定居，以吸纳不同的海外人才[1]。

第六，建立有国家特色的经济园区制度。在吸纳外资、人才培养的同时，新加坡还采取经济园区制度，这是发展制造业的具有国家特色的政策，而且取得不错的效果。新加坡发展起来的经济园区包括综合型园区、科学园等。在经济园区内，各监管之间相互合作，简化监管工作流程，降低政府相关的交易成本，而且给予外国投资者有利的投资政策和合法公平的国内环境，提高信息共享的水平和政府办事效率。园区内的经济发展空间也有利于外来投资者的发展。

二　新加坡劳动密集型产业转型升级的经验启示

通过对新加坡劳动密集型产业转型升级发展，对我国所产生的启示主要包括以下几个方面。

第一，要以政策为风向标，促进经济发展。政府需要制定适量适时合理的产业政策，加快产业结构优化的步伐。在新加坡经济发展的过程中，产业结构的转型都是根据微观和宏观经济环境相结合的政策来指导的。我国在制定产业发展优化策略上，一方面，要考

---

[1] 李韶鉴：《新加坡科教人才政策与中国产业转型升级》，《河南师范大学学报》（哲学社会科学版）2008年第6期。

第七章　发达国家劳动密集型产业转型升级经验借鉴

虑发展"两源"经济。从目前来看，如果我国工业要摆脱资源的强烈依赖，首先需要发展矿产品深加工为主的内源式经济，以支撑促进产业转移为主体的外源式经济。在产业转移的道路中，承接产业之前需要考虑新兴产业的培育和发展，需要把两者相结合，承接重点在于电子信息、新材料等新兴产业，还需要接纳境内外新兴型企业。另一方面，需要坚持平衡发展。先进制造业和现代服务业需要共同发展。发达国家与发展中国家的分水岭就是服务业发达与否，新加坡服务业发达，经济总量已占 GDP 的 75%[①]。由此可知，现代物流、会展经济等现代服务业的发展关系到一个国家的竞争力。因而，需要抓住机遇，促进服务业产业转型升级。

第二，要以人才为基础，促进产业转型升级。新加坡有创新的社会环境，社会经常变化，不仅是产业的变化，人的"转型"也不落后。一个突出的方面表现为增强号召民间的力量，提高自我改变的能力。人的培养、锻炼"脑力"在产业升级中有着决定性的作用。因而，我们需要更多的高素质人才，开发更多的人力资源。将引进人才和培养人才相结合，具体表现在不仅引进各类新型人才，还建立高等院校等人才培训基地，通过结合各地的教育方法，有目的地培养各方面的技术人才，高新产业的发展需要以人才为支撑。新加坡的职业技术教育也很特别，把学校与工厂结合起来，使学生及早适应工厂的环境，让学生在工厂的环境中通过生产，学到实际知识。我们需要学习和借鉴此类的教育方法。要进行这种模式教学，一是要发挥政府统筹作用，制定相关的教育体系，规定职业学校的数量和专业构成，职业教育与高等教育比例需要平衡，不能够头重脚轻，要做到既能迎合社会经济发展目标，也可以满足社会人才需求。二是关注市场需求变化，尝试校园与企业合作，职业教育与产业结构升级相互结合的好处有很多，不仅可以帮助学生就业，也可以通过企业的培训，提高教师的教育水平，提高师资水平。不同类型学校的教育质量评估指标应该

---

① 赵超：《新加坡产业转型升级及其对广东的启示》，《岭南学刊》2010 年第 4 期。

因地制宜,不应该一概而论。职业教育水平评估应该不同于普通院校,应该根据学校具体的教学水平,建立相对并立的、不同于普通高等教育的办学评价体系。三是积极引进不同类型的新兴技术人才。推行优惠的人才政策吸引国内外人才在实验室及各类企事业单位从事技术性工作;支持国内外人才借助先进技术,向国内教育机构等合作或建立实验室等。四是鼓励向先进国家学习相关技术。支持国内外人员在国内转化科研技术成果,入股创办企业或开设专业性咨询公司;支持国内外人才在国内引入外资,向社会提供服务等;支持国内外人才借助海外的科研、教育等条件,培养国内社会需要的人才。要完成以上的目标,需要发挥政府的作用,政府需要制定发展战略,与国外政府机构合作,进行密切的学术交流活动,加强与国外学术团体的联系,通过建立相关的培训机构,加强海外人才的培训,为日后关键经济领域的发展服务。

第三,在坚持机制的基础上,鼓励创新创业。新加坡科技创新之所以可以不断进行,而且久盛不衰,主要归功于体制的鼓励和保障。我们需要因地制宜,根据"企业主体、市场导向、政府推动"工作原则,培养一批具有现代工业水准的创新型企业。政府需要不断鼓励和引导社会各界人士。需要相关的激励政策,鼓励市民创业创新,建立风险投资基金,有效规避风险等。可以采取阶段参股等模式,鼓励社会各界积极创业创新。优化贷款制度,鼓励银行降低贷款门槛,给予科技型企业一定的贷款优惠和资金支持。简化贷款流程,减少无形资产质押、订单质押等业务。给发展潜力大的高新技术企业一定的政策优惠,例如优先放贷、政府部门通过财政贴息的方式加以支持等。

第三节 日本劳动密集型产业转型升级的经验

一 日本劳动密集型产业转型升级的措施

日本有三个创造经济的辉煌时期,分别在20世纪60年代、70年代和80年代。日本起初的定位为承接国际产业转移,日本曾经承接

第七章　发达国家劳动密集型产业转型升级经验借鉴

劳动密集型产业，致力于出口产业的发展，由于劳动力成本低，人力资源优势明显，所以国内经济快速发展；也曾经历过挫折，承受劳动力成本提高造成的产业转移困难的窘境。我们国家也走上与日本相类似的产业转移的道路，而且出现的问题也相似。借鉴日本的产业专业经验，有助于我国贸易转型，少走更多弯路。据相关的专家研究，日本劳动密集型产业转型主要实行雁行模式。日本经济在20世纪60年代快速发展，日本经济转向外向型的动力主要是石油危机，国内市场饱和、工资上涨过快等促使日本需要转变产业转移的模式；80年代初期的广场协议后，日元升值，日本失去了外贸出口优势；90年代后，世界格局发生变化，全球化竞争、国际技术转移速度加快等因素给日本的经济改革带来无形的压力，促使日本经济模式再次改变。

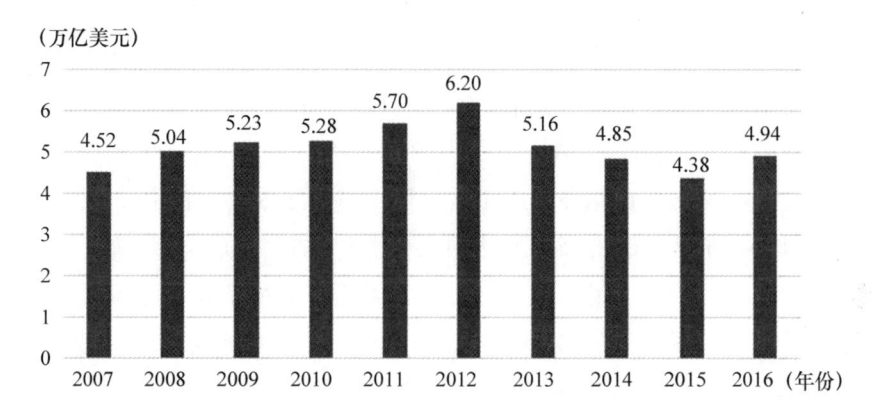

(万亿美元)

年份	2007	2008	2009	2010	2011	2012	2013	2014	2015	2016
生产总值	4.52	5.04	5.23	5.28	5.70	6.20	5.16	4.85	4.38	4.94

图7-4　2007—2016年日本的生产总值

数据来源：http://www.8pu.com/。

日本劳动密集型产业发展，主要经历了下面三个阶段。

第一，大力推进劳动密集型产业的发展，加速转移农村剩余劳动力，促进工业化和城镇化进程，成为资本、技术密集型产业发展的垫脚石。尽人皆知，处于初期阶段的经济发展，由于资本、资源等与劳动力配比十分不足，不得不向劳动密集型工业产业转型，不仅使城镇就业的农村劳动力增多，而且通过对这些劳动力的培训，提升了农村劳动力的综合素质，使经济社会的持续发展得到了支撑与保障①。处在经济高速发展初期的日本，走的劳动密集型工业发展道路，不仅加速农村富余劳动力的转移，充分发挥劳动力资源丰富的要素禀赋优势，且使发展资本、技术密集型工业所需的资本大大减少。同时，也使工业化和城镇化的发展向前迈了一大步，国民收入得以提高。据统计，在当时，劳动替代资本吸收的劳动力在日本工业吸收的劳动力总量中所占比重高达80%。

　　第二，劳动密集型产业的逐渐发展，使资本积累不断增多，技术创新日新月异，转换提升的方向越来越有优势。明治维新后日本的工业化进程才开始。当时，以英国为首的先行工业化国家，在工业结构中资本密集型产业所占比重上做了大幅提升，日本并没有效仿，仍然坚持自己的比较优势路线，将劳动密集型产业作为产业的绝对支柱和主导。据统计，在明治维新时期，仅纺织、食品两个轻工行业的产值在日本制造业所占比重已达68.6%；直至1955年经济高速增长的初期，日本轻工业在工业结构中所占的比例仍然高达55.4%，劳动密集型轻工业的支柱作用在日本工业发展中持续了80年左右②。无论是发达国家，还是后起的新兴发达国家工业化进程大同小异，只是在时间上大幅缩短。可以说，只有在劳动密集型产业的资本、技术上进行较长时间的积累，打好基础，才能实现资本、技术密集型产业升级。战后的经济发展中，日本开始实施出口导向战略，比较优势不断发挥，使产业结构的调整与出口商品结构的变化紧密关联，保障主导产业在同时期的发展。在经济发展新生阶段，加强劳动密集型产业比较优势的发挥，扩大出口贸易发展，主导产业和主要的出口部门以纺织产品的轻工业为主。在经济蓬勃发展时期，努力将产业向以机械、化工等为主导的资本、技术密集型转型，使其发展成为比较优势部门，

---

　　① 陆圣：《后危机时代美国纺织产业转型及对中国纺织产业升级的影响》，《江苏纺织》2011年第2期。
　　② 夏以群、陈利权：《日本经济转型产业升级的成功经验及对宁波的启示》，《宁波通讯》2013年第7期。

并加快纺织产品为主的劳动密集型产业下台。我们在日本主要工业品的国际竞争力分析中发现,在20世纪60年代初期,纺织品出口竞争力达登顶后一落千丈,取而代之的是,在20世纪70年代中前期,资本和工业技术积累与发展,迅速提升了钢铁部门的出口竞争力,使其成为主导产业和比较优势部门。1970—1980年,机械电子与运输设备的出口竞争力明显增强。到80年代中后期,资本不断积累,使日本的技术创新能力快速发展。

第三,推进科技创新,使比较优势动态化。日本在科技创新方面作为典范,不仅为自己创造财富,而且善于与外交流合作并引进先进科学技术,这便是日本经济能够得以快速发展的主要原因。根据调查,20世纪50年代中期到70年代,半个世纪以来全世界发达国家研发的所有先进技术都被日本引进和吸收,由此节省了大量的研发时间和研发经费,为其经济的超越发展争取了更多资源。经过适用技术的大规模引进,消化吸收再创新工作顺利进行,日本与欧美等发达国家的技术差距逐步缩小。在日本经济高速增长时期,主要引进钢铁、化学、电机、运输机械等主导产业,大笔支出金额花在技术进口贸易方面,有时高于出口额5倍多,致使当时的国际收支多次出现赤字。政府强力推动促进技术进步政策,民间企业回应热烈,在技术研发上倾注了巨大的时间精力和资金投入,不断引进与学习,努力提高科技创新能力,加快比较优势的动态发展,技术创新和技术密集型产业的发展从根本上得以促进[1]。

日本在劳动密集型产业转型发展过程中采用的主要措施包括:首先,雁行理论和赶超模式。"雁行模式"理论,在东亚地区这类后起工业国的经济发展模式和产业转移方式下形成。日本通过对外交流,引进吸收发达国家先进技术,使产业结构向多样化、高级化演进。动态的学习过程贯穿其中,后发优势充分,从接受转移、到向外转移和出口的过程中,"进口—进口替代—出口"的赶超发展取代日本经济

---

[1] 罗凯文:《日本经济结构转型与产业升级的途径分析》,《时代金融》2013年第18期。

发展模式，实现了高附加值产品替代低附加值产品。从发达国家先进技术的引进逐渐到承接海外产业转移，20世纪80年代中期，日本的电子设备和家用电器等机电产品的出口在世界范围内的竞争优势越来越强，出口商品结构成功从纺织品向资本、技术密集型产品的跨越升级。

其次，走出去战略得以实施，海外生产得以扩大。第二次世界大战以后，产业的海外转移跟随着日本的每一轮大的产业结构和出口产品结构调整。在1985年西方主要工业国的"广场协议"后，日元大幅升值，生产成本也随即上涨，严重影响日本出口导向型行业，日本制造业被迫对外进行投资转移，国内生产逐渐被海外生产代替，国内产业的衰退加剧，日本的进出口结构发生改变。20世纪90年代起，中国、印度尼西亚和越南等东南亚国家开始有以日本纺织行业为代表的劳动密集型产业和电子设备组装工厂等转移入境，依照比较优势的动态变化，代工产业有序向亚洲四小龙、东盟国家以及随后的中国沿海地区转移，日本与海外形成了有技术不生产、有生产无技术分工关系。日本企业"走出去"最初以追逐廉价劳动力为目的，向市场导向型发展，生产基地扎根海外，日本产业结构调整得以发展，因此成为东亚地区的领头雁[①]。

最后，产业多极化发展，高价值产品增加。国际市场需求愈加强劲，汽车和电子行业快速发展，主导了日本经济的成长。但是，这样的产业结构十分脆弱，因为它高度依赖外部市场。进入21世纪，构建国际协调型产业结构是日本的新时代的目标，内需主导型逐渐取代外需主导型，新兴产业和潜在增长产业共同发展的"多极型"产业结构取代过去以汽车、电子产业为主轴的"一级集中型"，缩小贸易顺差；加强第三产业的发展，在服务业和制造业作为日本经济的双重引擎的基础下，使知识集约型和服务集约型的比较优势产业发展。目前，日本自居"世界创造中心"，渴望领导世界新产业的技术。

---

① 赖琦：《日欧经验启迪珠三角产业升级》，《大经贸》2009年第10期。

二 日本劳动密集型产业转型升级的经验启示

日本目前的经济发展态势一直是保持在一个相对平衡的状态中，它的经济发展战略并不同于日本的其他发展战略强调超前理念，而是不同时期的经济发展都讲求将自身优势最大化以谋求日本经济的稳健发展。日本对本国的经济发展一直是稳打稳扎，并没有急于要超越世界上的经济大国，它的发展战略可以说是长期性的。全球经济的发展形势都逐渐从劳动主导型开始过渡，但是劳动密集型产业也不可能完全消失在经济发展史中。当前，我国的东南沿海地区正处于一个艰难的过渡时期，也就是从劳动密集的传统产业模式向现代的技术、资本型产业靠拢。我国伴随着改革开放的春风，一跃成为世界第二大经济强国，虽然本身的资本基础还比不上部分发达国家，但是我们也可以发挥好自身的经济优势，紧随世界步伐，主动争取变新和产业升级。只有主动出击，才能在日益激烈的世界经济竞争中取得一席之地。我们国家可以多向日本学习优秀经验，争取为我们所用，早日度过艰难的转型期。对此，可以采用的措施如下所示。

第一，伴随着世界经济发展的一体化，世界经济发展形势也发生了很大的变化。进入21世纪以来，我国国民经济发展形势一片大好，人均收入和生活水平也是一路攀升。而新的经济理念也伴随着改革的春风传到人们心中，我们积极要求产业升级，因为传统的劳动密集型产业已经很难适应现代经济的飞速发展了。传统劳动密集型产业必须尽快升级，比如，上一个世纪风靡中国的出行工具自行车，在现如今的时代下，自行车已经不再是简单的出行工具，它可以是一种健身用品或者休闲娱乐产品。所以，在中国逐渐开始淘汰自行车作为交通工具时，国外的很多国家却开始对自行车产生了新的需求。我们要认识到，现如今的传统密集型产业必须和现代的新兴科技和技术结合在一起才能生产出更符合现代人生活的高科技产品[①]。因此，必须针对传

---

① 夏以群、陈利权：《日本经济转型产业升级的成功经验及对宁波的启示》，《宁波通讯》2013年第7期。

统密集型产业做出改革，根据市场新的需求，努力提高科研水准和技术，加大科技创新的开发力度，争取早日从传统的劳动密集型产业过渡到以技术为主的新兴产业模式。同时，政府在企业进行相关的产业升级时一定要做好引导工作，引导企业在发展经济的同时不要忘记做好环保工作，因此政府不但要制定合理的引导策略，对企业的升级工作要加以指导，推动产业尽快合理、科学地升级。

第二，充分认识中国各地域的经济发展情况，合理布局劳动密集型产业升级规划。由于历史、地理等多方面原因，东部沿海地区的经济发展情况与中西部相比是明显遥遥领先的，密集产业在其发展升级速度也是快于其他地区的。得益于东部沿海地区雄厚的资本基础积累，在这里有不少的劳动密集型产业已经顺利经过了早期的艰难过渡时期。可是，目前遇到的难题是本地区的劳动力成本逐年上升，参考比较优势概念，该地区必须调整未来的经济发展规划，要加快资本积累的步伐，在适当的时候要学会取舍，可以适时调整部分劳动密集型产业从激励的市场角逐中退出①。对于中西部地区的经济发展，首先是要看到本地区的发展优势，丰富的劳动力资源完全可以为该地区所用，在这些地区是完全可以大力倡导密集型产业的发展的。这样的发展并不意味着产业就不用升级、不用调整了，而是在该地区利用自身优势发展时，加快原始资本积累，为今后的城乡一体化和产业升级打下更为牢固和坚实的基础。

第三，在整个劳动密集型产业向现代新兴科技产业过渡的时期，起到决定因素的是绝对不能忽视的技术和创新。传统的劳动密集型产业要想进一步向前发展和优化升级，绝对离不开现代的科学技术，也只有当两者有机结合的时候才能完成从劳动密集型产业向现代产业的优化升级。传统的劳动密集型产业包括了社会中的方方面面，它和我们生活息息相关也和现代科技密不可分。而高科技的技术密集型产业是绝对离不开劳动密集型产业的，所以对于是以第一产业为主的企业

---

① 王硕：《日本经济结构转型与产业升级浅析》，《中国经贸导刊》2016年第32期。

第七章 发达国家劳动密集型产业转型升级经验借鉴

要加快升级步伐。首先，尽可能地研发新科技，提高企业的生产率，在政府的大力引导下努力向新兴劳动密集型企业靠拢。其次，如果是处在以第二产业为主的企业，则要想办法搞好技术研究，不断提高企业产品的附加价值。顾客最看重产品性能，在这个以科技取胜的时代，只有研发出质量优、性能好的产品才能赢得市场青睐。最后，就是以第三产业为主导的企业，要跟上时代步伐，推动服务行业多元化和高质量方向发展。

第四，经济飞速发展离不开科学技术的大力推动。当前，我们国家只有调动一切积极因素，尽可能地推动科学技术的发展，让生产率跟上世界步伐，才能进一步推动企业产业升级。一个完整的产业链不可能仅由一家企业独占鳌头，一个产业能否成功发展下去，关键还是在于产业链中的各个企业能否在该行业中开拓创新。在创新的同时善于向同行业企业学习优秀经验，不断调整产业发展，带动行业进步。在这里，日本的成功经验可以借鉴，通过日本产业的成功升级我们不难发现，通常的加工贸易企业生产率是很难和一般贸易企业相比较的，所以产业升级中要大力倡导一般贸易的发展，让一般贸易的快速发展，带动加工贸易的发展升级。

第五，要想推动我国的劳动密集型产业早日升级，在国际经济贸易中取得一席之地，提升中国品牌在国际上的竞争力也是十分重要的一环。一个国家的经济实力是由多方面组成的，而一个国家品牌在国际中的地位也是直接展现一个国家在世界经济地位的重要体现。伴随着改革开放40年，中国的经济实力不允许任何一个国家小觑。可是我们也不得不承认，在当前的国际品牌中，中国还是欠缺能够震撼世界、展示中国经济的民族品牌[1]。一个国际知名品牌对于一个国家的经济发展重要性不言而喻，它不仅是展示一个国家经济实力的重要一环，也是国际对一个民族文化的认同。所以，中国当前在品牌这一块

---

[1] 黄付生、魏凤春：《日本经济结构转型与产业升级路径研究》，《现代日本经济》2010年第2期。

最需要的是摆脱中国制造的帽子,要从"中国制造"向"中国创造"过渡。对于有希望走出去的民族品牌要不余遗力地支持,争取早日让我们的民族品牌在国际市场中大放异彩。

第四节 美国劳动密集型产业转型升级的经验

一 美国劳动密集型产业转型升级的措施

美国政府对于市场经济的管理在第二次世界大战之前一直都处于放任状态,几乎没有参与到国家的经济活动发展中。这样的局面一直到第二次世界大战后,由于战争世界经济都一直处于萎靡之中,美国当然也不会例外。面对这样惨淡的经济局面,美国政府不得不出面开始逐渐对美国市场进行调控。而在20世纪70年代,全球性的金融危机爆发,为了能够顺利渡过危机,美国政府做了一系列创新引导规划,进一步促进美国产业的升级优化,这样的调控不但使得美国顺利渡过金融危机,从此也让美国经济一直遥遥领先于世界各国,长期处于经济顶端位置。而在最近几年来,世界经济发展态势再次陷入疲软阶段,这时候的美国政府又再次不得不出面调整经济发展。不得不说美国政府的眼光独到,占领了经济复苏的先机地位,以高科技产业和技术为复兴引导。其实纵观美国自第二次世界大战后的产业发展情况,可以把其经济发展历程归为两个不同时期。

一是20世纪40年代末到80年代末端这一时期。在第二次世界大战结束之后,很多国家都还在休整之中,美国政府就率先为其经济恢复规划各个时期的发展蓝图,不但带领了企业的产业升级,最后还把美国的经济带领到全球顶峰之位。而在20世纪70年代末,紧随而来的日本和欧洲开始对美国经济霸主地位带来了严重的威胁。美国政府审时度势,开始规划产业结构升级。为众多企业营造一个良好的经营氛围,一系列的保护政策将美国经济发展带领到一个新的高潮[1]。

---

[1] 赵婉妤、王立国:《中国产业结构转型升级与金融支持政策——基于美国和德国的经验借鉴》,《财经问题研究》2016年第3期。

第七章　发达国家劳动密集型产业转型升级经验借鉴

二是自1990年至今。那个时代的美国产业政策着重点放在创新上，逐步形成了以技术创新为中心的产业政策，政府也将其纳入到了国家的政策当中，据此制定出国家的科技发展新战略，推动军用经济的转型，逐步向民用型经济发展，对产业的转型升级而言，可以为其提供强有力的制度保障。在克林顿执政时期，他重视基础性的一些研究和开发工程，提出要大力发展这两项工程。1993年，克林顿提出实施全新的高科技计划——建立和健全以互联网为原型的一个信息化的高速公路，这一计划的实施，推动了美国许多相关产业的发展，如计算机网络、生物技术等，因此美国具备了第三次科技革命的物质和经济力量，率先爆发了第三次科技革命。随着21世纪的到来，美国一直保持着优势战略不动摇，确保了美国在研发、制作等领域的领先地位。2008年金融危机的爆发，给世界各国一个重大警示，美国政府为此提出了许多产业转型升级相关的计划，如《重振美国制造业政策框架》《美国创新战略——确保经济增长与繁荣》等，将制造业等作为新的经济支柱，为国家的经济发展出一份力，推动制造业的创新与发展[①]。

在此期间，因为经济全球化的到来，为许多发达国家提供了新的机遇，美国借此在全球各地进行新的战略性布局，例如将本国的制造类向发展中国家转移，利用发展中国家的制造能力和廉价的劳动力等，而对于关乎国家经济命脉的核心技术的产业，如航空、信息技术等则留在本国继续发展壮大。

二　美国劳动密集型产业转型升级的经验启示

美国的劳动密集型在进行产业的转型升级时，发展得非常成功，就现阶段美国的国内生产总值的世界排名，可窥一二。我国的国内生产总值仅次于美国，位居第二，但是人均的生产总值却十分落后，与

---

① 陈华斌：《美国工业化过程中产业结构升级转型给绍兴的借鉴》，《绍兴文理学院学报》（哲学社会科学版）2008年第1期。

美国等发达国家的差距甚远，我国的经济状况还存在很大的提升和改造空间。我国的劳动密集型产业正在不断地转型升级，美国在这方面的经验值得我国深思和借鉴，主要有以下几个角度可以作为我国未来在转型升级方面的提示。

1. 国家战略在顶层设计上谋划引领产业不断向高层次发展

美国的劳动密集型产业转型升级的成功之处主要在于国家的战略规划到位，政府对于产业的战略也具有一定的引领，并加强了对相关产业的扶持力度。美国政府的一个重大突出特点在于其前瞻性，在不同的时期根据国情、市场环境等制定相应的发展战略，在产业转型升级上不是盲目地进行，而是有针对性地进行，不仅实现了传统的产业结构的优化升级，对于新兴的产业而言也是一大推动力，这也是美国作为世界经济霸主的保证。为了可以确保产业转型的成功，美国政府实施了一系列的措施并提供了许多的政策支持。措施上，包括政府的货币补贴等一般性的倾斜措施，也包括加大研发投资等专门扶持转型升级的措施；政策上，美国制定了《关于加快块状经济向现代产业集群转型升级的指导意见》《美国复兴与再投资法案（ARRA）》等。

2. 政府调控与市场机制有机结合共同推进产业转型升级

美国通过政府与市场结合的方式（政府负责顶层设计和制定政策，市场充分配合），促使产业得到发展和提升。美国这个现代市场经济国家通过借助市场力量的配合，制定与实施产业政策，使用间接的手段将产业结构推向高级化，这表现为两个方面：其一，大部分依靠于市场对资源的配置，通过政府不停地完备体制和间接的政策性金融对中小企业提供大幅度的支持力度；其二，为使产业成功转型，创造一个公正公开的市场氛围，政府一直完善法律政策，推动企业向前发展。

3. 以企业为主体的技术创新驱动产业转型升级

美国认为产业要想升级，首先要学会创新，而且企业就是技术创新的核心，通过调动企业的积极性与刺激企业创新使产业成功转型。美国政府通过以下几方面的举措支持技术创新与企业创新。首先，对待企业的技术创新美国政府有以下三个方式：一是持续增加基础性研究、科技创新的投入，制定以鼓励大学生为主的产学研合作的政策法规，形成帮助技术产业发展的原创成果和在新能源与生物技术等层面的创新成就；二是为产业的发展建立工业实验室以培养技术人才；三是推动资本市场的发展，使技术创新可以得到资本的援助。其次，美国使用两个步骤促进企业创新。一是确定企业在技术创新领域的领导地位。美国通过供给创新资金和减少税收等方式，对企业创新给予大力支持；二是以培育重要企业为主，同时促进中小企业的发展。美国促进产业发展时期，通过不同的方式和程度施展倾斜性政策，以培养重要企业，也因此形成了大批量实力强劲的跨国企业，同时注意在扶植中小企业的同时注重发展有竞争潜力的小微企业，使重点企业与小微企业共同发展，形成力量雄厚的产业群。

4. 充分发挥行业协会对实现产业政策目标的重要作用

美国对行业协会在政府与企业间起到的沟通作用很重视，通过制定政府与行业协会活动相互配合的体制，推进国民经济的发展，使产业升级得以实现。美国行业协会通过调研形成行业发展潮流报告提交给政府查阅，参加国家产业政策的制定并提出建议等与产业升级相关的活动成为帮助产业转型与社会进步的中坚力量。

5. 高层次创新型人才是产业转型升级的重要资源

产业的转型与升级主要依靠人才。美国看到了优质人才对产业转型与升级的推动作用，开始重视对人才的吸引与培育。由此，美国通过高等教育的发展以及搭造工业实验室与产学研互动技术支持平台，做到引进人才、培养人才，支撑产业的不断创新以及结构的优化。

第五节　意大利劳动密集型产业转型升级的经验

一　意大利劳动密集型产业转型升级的措施

意大利独树一帜，一直认为劳动密集型产业对产业转型升级的发展有重要作用。它看重手工艺品的发展空间，觉得手工产品的质量和精细程度比机械生产出来的产品强得多。意大利稳定地走在具有意大利特质的精致手工定制的道路上，没有转型的迹象。工业革命后，意大利将手工作坊转变为具有"家族"理念的中小企业，将家族品牌和技艺等一代一代传下去，并加以改进完善。家族企业是"意大利制造"拥有最高水平的象征，其产出的个人消费物品在世界具有领先地位。他们还用精益求精的手工传统技艺对顾客一对一量身制作[①]。

意式企业用绝佳的手艺配合顶级材料的使用让产品的质量和感官体验达到极致，以此避免同质化、低利润的制造，实现产品、体验的差异化、高利润。其主要目的是使企业从单一地提供产品转向营销体验，进而使制造业的传统经济上升为体验经济。

意大利热衷"手工"这一生产理念，相信不会被机械化生产撼动的家族手工艺是最迷人的。所以，意大利人面对大批量生产产品的利益时，仍坚定着手工艺品私人定制观念。他们认为产品即是人，拥有生命，能够呼吸，只有人亲手加工制作，才能深刻体会到手工艺品在生产过程中的每一个微小变化，继而做到随时调整，使每一件产品都能满足顾客的要求。

意大利制造的私人订制对象主要是中高阶层。绝大多数品牌通过对顾客进行一对一与面对面的私人订制，以便顾客能参与进来，增加体验感与满足私人订制的需求。例如意大利鞋业品牌Ferragamo，其客户是高端人士（包括明星），秉承"最合脚的鞋子一定是手工做出来"的理念对鞋子进行生产，使宾客深刻地体会到什么是尊享体验和匠心，体验完后，顾客还可以在鞋子中刻上自己的姓名。这种手工的加入式定制方式，能更好地为顾客营造体验，不仅能满足需求，还能做到恰到好处，因此，它是纯粹的体验经济。

二 意大利劳动密集型产业转型升级的经验启示

意大利的发展历史给我国的制造业发展提供了另外一条切实可行

[①] 林航、谢志忠：《体验经济视角下制造业升级路径探讨——以德国、意大利为例》，《现代经济探讨》2015年第11期。

第七章　发达国家劳动密集型产业转型升级经验借鉴

的道路——重点继承发扬非遗手工艺，通过满足私人订制的需求使传统手工艺在工业革命的大背景下完整地保留下来。从实际发展来看，意大利制造包含"非工业"和工业两个范畴。意大利的重工业，如机械机床，不仅在欧洲处于前几位，自动化与数字化生产有极高的水平，且在研究开发与设计中保留了很大程度的手工特质。数字化、自动化与手工艺的相互配合，创新了意大利的制造方式，也体现了其产品的多元化：一是在手工艺品方面具有和国际市场竞争的能力，二是有大批量的工业定制产品。因此，两种创新方式不仅不是相互排斥，而是可以相互配合补充。所以，目前的中国可以借鉴意大利的经验，将数字化、自动化与手工艺兼顾结合起来，不能偏执于一方。以下是我国对发展的建议。

1. 加强对非遗手工艺的保护、扶植和产业化培育

我国需要向意大利借鉴关于对国家手工业的保护与培育的经验。意大利手工生产曾经经历过美国大量标准化生产对自己的影响，也曾经历过一定时期的迷茫，但意大利却在短暂的迷茫中重新对自己的制造特点进行合理的定位，使面向全球的生产在区域性、全球性与手工的定制和规模化中达到一种平衡，填补了世界在高档私人产品定制需求的空缺。意大利在家族企业生产的方面立法进行保护并支持和扶植中小企业的研发与创新，民间拥有很多融资来源，而中小企业不仅有政府为其发展提供资金上的援助，还有专门的西麦斯特股份公司（意大利经济发展部直接控股的公司）对中小企业开发国际市场方面给予金融资助。目前看来，我国日渐壮大的中产阶级以上的群体营造了广大的市场空间使非遗手工技艺创办的私家定制的体验业务得以实现[①]。还可以利用互联网不断搜寻和查找拥有一致品味和需求的消费者，使用众筹等互联网的创新融资方法，使非遗手工艺不因缺乏资金而无法复兴。我国与意大利的悠久历史在非遗手工业方面都具有极强的民族

---

① 王周杨、魏也华：《意大利产业区重组：集团化、创新与国际化》，《地理科学》2011年第11期。

特质，而非遗手工艺在中国国内市场优势与中国文化崛起的背景下有极大的可能成为中国制造升级与发展的助推剂。所以，使《中国非遗技艺复兴计划》《中国制造2025》这两个国家层面的战略相互进步与补充，引导中国制造业成功转型与发展是很有必要的。

2. 大力倡导工匠精神

意大利制造业现在拥有的成就源于整个意大利民族对细节的重视和对事物精雕细琢的工匠精神。一直以来，中国制造业都将自己定位在解决短缺的产品经济阶段，要求规模化与同质化等，缺乏对逐渐多元化与个性化需要的密切联系，在供给和需求方面产生了极大的落差。企业热衷于获得"跨越式放量发展"的一段时期的利润，缺少坚守岗位、放远目光的态度，也没有对产品质量与受众体验执着的工匠精神。由于中国的消费水平逐渐提升，人们的消费观念也发生了变化，越来越追求精致独特的产品，而中国正从批量生产向定制产品的道路迈进，这就意味着中国的传统制造走进了产量过剩的"初级产品化"怪圈。中国是一个有着悠久历史的民族，它曾经让透露着中华工匠精神的手工文明迈向辉煌。所以，让中国制造重新焕发活力，就要建设文明的社会环境，宣扬发展中国的工匠精神和使用多元化的方法对一线工匠进行补贴的新方式。

3. 注重非遗手工艺国际传播与推广

引导与带领制造业上升为体验经济，就是让企业的产品完成由提供到体验的完美转型。这就需要给手艺人和宾客建造一个共同的平台，一是可以更简洁便利地利用体验构造好的营销效果，二是可以让顾客有实地的体验，身临其境地体会后更愿意消费，三是可以让顾客与手艺人之间拥有面对面的交流机会。意大利每年会举办上千场展览，其中包括超过190个国际性展会，这是因为意大利认为会展业对"意大利制造"有极大的宣传与推行作用。会展业的宣传不仅促使更多的人认同意大利制造的理念，还在客户群的扩张与非遗技艺产业化的保护、传承和发扬等方面起到了重要的作用。基于此，中国也可以使用相似的方式，搭造建立与中华非遗工艺的发扬、推行等有关的平台,以此转变世界对中国制造的印象(产品价格低、质量低)[①]。除此之外,由于互联网技术的发展与提高,中国跨境电子商务飞跃似的进步,虚拟媒体力量(与微信、电子杂志等同一类别)繁荣壮大。结合中国多方面的实际境况并与意大利的经验相结合,中国非遗手工艺平台的搭建与推广应从以下几个方面着手:一是着重于孔子学院的创办,将中国的传统文化精神发扬光大,二是着重建立非遗工艺展会与非遗跨境电商平台与多媒体宣传平台相结合,将中国的手工艺等产品向世界展现,使具有中国特质的生产内涵与非遗文化得到世界的认可,以此使中国由制造向创造转型。

---

① 李慧明、李彦文:《地区经济社会发展转型的生态现代化战略——意大利马尔凯大区发展模式的启示》,《东岳论丛》2013年第12期。

第八章　中国劳动密集型产业转型升级的对策建议

第一节　中国劳动密集型产业转型升级的方向

一　中国劳动密集型产业劳动力的本地化

我国属于发展中国家，技术发展水平比较低，人口比较密集，发展劳动密集型产业势在必行。劳动密集型产业中劳动装备并不是很高，在发展过程中，产品成本计算中劳动消耗占据重要比例。劳动力是劳动密集型产业发展的根本。最近几年，物价快速发展起来，我国劳动力对工资需求越来越高，快速增长的经济与低廉的劳动力成本产生了一定的矛盾，我国的劳动力纷纷选择出国赚钱，新加坡、韩国等劳动力工资比较高的国家成为我国劳动力最佳选择国家。我国本土劳动力的流失，对劳动密集型产业发展产生了一定的威胁。如何留住本土劳动力，是劳动密集型产业应该考虑的问题。故而要求劳动密集型产业在转型升级的过程中，要注重劳动力本土化。

人力资本在劳动密集型制造业的发展中起着越来越重要的作用，人力资本的不断积累，使得技术效率在全要素生产率中所起的作用越来越大，有利于劳动密集型制造业向资本密集型和技术密集型制造业升级。从目前来看，我国面临着人力资本存量低的问题，并且劳动者年龄越大，受教育程度越低。例如，我国60岁的劳动力受教育年限与20岁的劳动力相比减少2.9年。而将我国20岁的劳动力与美国同年龄的劳动力进行比较，我国受教育年限较美国低3.6年，我国60

岁劳动受教育年限较美国低7.6年①。因此，我国劳动力的受教育程度远远低于发达国家，这对我国人力资本的积累产生消极影响。人力资本面临的另一个问题是低端劳动力工资上涨速度的加快使得我国教育的回报率呈下降趋势。根据调查显示，2001年，农民工中具有高中文化水平劳动者的教育回报率比初中文化的劳动者高25.9%，到2010年，仅高出16.9%②。教育回报率的下降使得许多家庭对教育的回报程度产生怀疑和否认态度，他们甚至剥夺了孩子完成义务教育的权利。对此，政府应该将激励高中教育放在教育改革的首位，为降低家庭的教育负担，将义务教育扩展至高中教育，同时应该重视职工的培训，加大对职工包括低端劳动力的培训力度，使其获得较高的劳动技能。

在对部分高耗能低效益的劳动密集型制造业进行淘汰过程中，被淘汰企业的劳动力成为政策作用的间接对象，这些劳动力应该被重视，并通过政策进行正确安置。当部分劳动密集型企业被淘汰后，这些劳动力有些可能会被安排到其他企业，有些则可能失去了工作。被安置到其他企业的劳动力，政府应该加大监管力度，使得这些劳动力能得到相同的待遇，还有部分被迫下岗的劳动力，政府部门应该重点安置，将下岗人员进行严格登记，并组织一些实用的技能培训课程和相关招聘会，使得他们的工作得以解决，如果实在没法安置的劳动力，政府部门可以制定一些优惠政策，鼓励他们进行小规模创业，并做好资金和技术方面的支持。

二 中国劳动密集型产业的集群化

我国劳动密集型产业集聚现象比较明显，相同产业集中在统一区域，建议我国劳动密集型产业在转型过程中，要科学地进行规划，让

---

① 邵俊：《传统劳动密集型产业转型升级路径初探——以江苏扬州玩具产业为例》，《消费导刊》2014年第2期。
② 庄志彬：《基于创新驱动的我国制造业转型发展研究》，博士学位论文，福建师范大学，2014年。

所有劳动密集型产业共同进行转型发展，注重高科技的应用和创新。我国政府应该根据劳动密集型产业发展的实际情况，完善相关帮扶政策，在政府带动指引下，帮助劳动密集型产业进行转型发展。劳动密集型产业在转型过程中，还需要了解目前进出口政策，针对当下政策规定，及时调整发展方案，以此保证劳动密集型产业转型能够满足市场需求。

中小企业集群还可以与劳动力市场成熟化形成共享机制。劳动力市场一般是异质的，企业与工人之间的匹配很可能是一对一的，因此工人与工作岗位之间的搜寻与匹配过程是有成本的。但企业集群能够把各种人力资源吸引到同一地方，企业与工人在单位土地上的集中在一定程度上能够实现劳动力市场的区域性匀质化，降低了劳动力供需双方的搜寻成本和交易成本。对企业而言，较容易获得各种专业化、有经验的劳动力，对劳动力而言，可以让各层次的劳动力比较容易找到理想的工作。加之在各企业的运气不是完全相关的情况下，一家企业富余的劳动力很可能正好被另一家企业的对劳动力的需求所抵消，这样集群中的企业能够较少面临劳动力短缺的问题，工人长期失业的风险也因此大大降低[1]。因此，集群的区域性能够促进供给充足的劳动力市场的形成，这种寻找的便利性正是劳动密集型产业快速发展的条件，而劳动密集型产业发展则为就业提供了大量机会。

中小企业集群促进了劳动力的专业化发展。企业集群还为劳动力提供了外部学习机会，使人力资本比较容易得到提高。一方面，劳动力之间的交流机会增多，这可以获得很多相关知识、经验的学习机会，在广东东莞，一些打工集中地，有很多共同居住的出租房，不同岗位、不同企业的打工者相互交流，使经验和知识得以方便的传播，这有利于劳动力整体的学习能力提高；另一方面，劳动力在企业和岗位之间的更换机会增加，可以获得更多的"干中学"的知识，即使专

---

[1] 毛蕴诗、林晓如等：《劳动密集型产业升级研究：以台湾自行车产业整体升级及其竞合机制为例》，《学术研究》2011年第6期。

第八章 中国劳动密集型产业转型升级的对策建议

业化岗位的交换也可以因为企业的不同而使知识重新整合。这种市场作用下的职业选择，会使双方得到更有效率的知识体系和工作绩效，企业会提高知识要求，劳动者会主动增进知识和能力，形成一个劳动力与企业共同进化的知识载体。

当企业集中吸引到大量的劳动力异地转移并导致了劳动力过度汇集时，会使劳动力市场上具有一定程度的独买性，从而将工人工资压低。如果独买性的市场结构长期存在，工人就可能长期得不到合理的工资报酬。因此，允许工人有选择工作的自由，开辟多种就业门路、在劳动力市场上为职工择业提供多方面的信息等，都有利于降低就业市场上的独买性所产生的对就业和工资水平的不利影响。从这个角度上看，"民工荒"现象的出现也许就是工人打破独买性的一种理性选择的结果表现。当然，准确地讲应该是"技工荒"。我们都知道，资产专用性是指资产用途的专门化，使资产具有不可替代性。与此相类似，人力资本也存在专用性，专用性知识技能只能应用于某个专业领域。人力资本量越高，专业性越强，技术资产的通用性就越低，就业范围也越窄。加之，在分散的就业市场上还存在着较为严重的信息不对称与信息不完全，这就在一定程度上打击了私人技术投资和知识累积的积极性，人力资本的私人投资有可能出现动力中断。长此以往，将产生越来越多的缺乏适当训练的就业者和失业者，导致劳动力市场的弱质化，"技工荒"现象就会在某个阶段某个时间浮出水面。然而，如前所述，良好的中小企业集群的就业市场能够呈现一定程度的区域性匀质化，集群劳动力市场信息传递相对充分，能够衍生出有效的劳动力市场共享机制，让供求双方都从劳动共享中获益，既保障了低失业率又避免了劳动力短缺。在此情况下，工人面对人才集中带来的日益激烈的人才竞争局面时，会深切感到技术资产的重要性，为提高自身的就业竞争力或者想谋求更好的岗位，他们会积极进行具有产业特征的专用性技术投资，也愿意花时间参加企业的在岗、脱岗培训等再教育活动。因此，从长期看，良好的中小企业集群有利于劳动力的专业化发展，有利于竞争性就业市场的形成。由于产业集群对劳动力供给有着多方面的贡献，对劳动力收入起着刺激作用，因此，会诱导更多的劳动力进入，并在进入中获得劳动力技能和知识水平的快速增长，形成产业发展与劳动力进入及劳动力素质提高的良性循环，进而使劳动力在空间上得以集中，并成为集约使用土地要素的重要生产形式。我们可以作这样的总结：以劳动密集型产业为主的中小企业集群，在集群发展过程中会内生出很多有利于劳动力边际效率递增的因素，由此，中小企业集群可以吸引更多的劳动力进入，为进一步发展劳动密集型产业创造劳动力供给条件。这一内生性加强的过程直至其他要素对劳动力进入产生约束为止。

三 中国劳动密集型产业的高端化

中国劳动密集型产业集群大多是由中小企业集聚而成的，集群内大部分企业生产规模较小，生产经营的管理方式大多是粗放型的，生产过程中资源利用率低并且会对环境造成一定的污染。由于缺乏核心技术，集群内企业的产品差异化小并且质量参差不齐，仅仅依靠低成本的优势在国际市场上占据一席之地。这就造成产品档次低，集群内部企业过度竞争，大打价格战，而高端产品却严重依赖国外的不合理局面。随着经济和全球化分工不断地发展，中国劳动密集型产业集群在国际市场上的竞争优势渐渐减弱，集群的国际化发展道路举步维艰。

中国劳动密集型产业集群未来的发展方向是沿着全球价值链进行产业升级，这是由于中国劳动密集型产业集群自改革开放以来，就通过进出口贸易、承接发达国家的产业转移以及成为专业的 OEM 基地等形式嵌入到全球价值链中。随着经济全球化发展，产业集群的发展已经不可能通过单方面的国内产业调整来促进产业的升级，国际化的发展会给产业集群的升级带来更多的机会。例如，劳动密集型产业集群可以通过代工生产来积累生产技术和知识来促进产品升级、流程升级；集群内的领导厂商通过境外投资来推进整个产业集群的产业转移等。中国劳动密集型产业集群国际化发展的目的就是为了促进本集群的产业升级，无论是主动的国际化发展还是被动的国际化发展，无论是集群内个别企业国际化发展还是集群整体的国际化发展，由于集群内的关联效应，最终都会带动整个集群的优化升级[1]。

通过广东省和浙江省6大劳动密集型产业集群的区位商测算可知，劳动密集型产业集群的产业聚集程度会影响产业集群的专业化生产能力，当某个劳动密集型产业集群的专业化生产能力较强时，产出品不仅能满足当地的生产生活需要，也能够向地区外输出甚至是出口到其他国家。根据国际化程度的理论，国际化程度可以分为国际化的深度和广度，国际化深度指的是针对某个具体而特定的市场劳动密集型产业集群内企业资源投入的程度，而资源投入程度可以从市场进入模式当中反映出来，例如出口就代表资源投入程度比较低，而集群式的境外投资就代表资源投入程度比较高。因此劳动密集型产业集群的国际化是个循序渐进的过程，从产品出口到境外投资是随着专业化生产的不断深入来实现的，当地区劳动密集型产业集群的生产专业化不断深入，集群在国际上的竞争力会不断加强，那么集群在国际市场上的资源投资程度越深，那么生产所得的利益会越大，从而促进劳动密集型产业集群的升级。

四 中国劳动密集型产业的互联网化

如今是互联网时代，各行各业发展比较快速，互联网信息技术快速地融入各行各业的发展，带动了各行各业的发展。"互联网+"模式已经成为我国市场经济发展的主旋律，电商风靡全球，互联网金融是未来市场发展趋势。对劳动密集型产业而言，在转型发展过程中，必须要注重互联网信息技术的应用。对互联网商业模式进行调查分析，O2O、互联网+、B2B等模式都已经成功地与传统企业进行融合，带动了各大企业的经济效益。建议劳动密集型产业在发展过程

---

[1] 方齐：《产业转移时期珠三角调整产业结构的对策》，《中国经贸导刊》2009年第16期。

中，要注重网络平台的构建，与互联网平台进行合作，扩展自身的市场营销渠道，进而更好地带动企业发展。

第二节 中国劳动密集型产业转型升级的路径

一 中国劳动密集型产业的结构升级

我国劳动密集型结构升级，主要是从工业、服务业、农业三个角度进行探究分析。

1. 工业劳动密集型产业结构升级

我国进入工业化阶段以后，不可避免地要倾向于使用资本要素来发展第二产业，从这个意义上说，如何在发展第二产业过程中能够较多地使用劳动力，体现我国的劳动力要素禀赋优势是我国发展劳动密集型产业战略的重要组成部分。从上述案例所总结的经验中可以看出，发展第二产业的劳动密集型产业战略不应只强调发展传统意义上的劳动密集型产业，更多地应注意发展具有技术先进和产业结构有竞争能力的第二产业，在发展第二产业过程中，不能以过多地牺牲产业竞争能力为代价。这就需要有战略思想上的突破，特别是要以技术战略构思突破为先导。这部分战略包括发展组装加工产业、柔性制造、嵌入技术和原料工业[①]。

2. 服务产业发展战略

服务产业是最有劳动力吸收能力的产业，我国也把发展服务产业作为缓解我国就业压力的重要举措。随着信息产业和现代物流产业的出现，服务产业又有了新的内容，对第二产业的带动以及其本身的高附加值，使人们注意到服务产业不仅是吸收劳动力的重要部门，也成为很多发达国家赖以发展的重要的产业基础。我国发展服务产业，其最大的意义在于增加就业机会，但同时，发展服务产业也是为了跟上

---

① 刘琼：《迁移还是升级："珠三角"的转型之痛》，《今日中国》（中文版）2008年第5期。

世界产业发展的新潮流，增强我国产业整体竞争力。因此，发展我国服务产业战略的重点是不断扩大服务业比重，提高社会整体服务水平，提高新兴服务产业的比重，将新兴服务产业的发展作为服务产业发展战略的核心。

3. 现代农业发展战略

美国、新西兰等世界发达国家，同时也是农业出口大国。在发展中国家中，也有像泰国这样通过发展农业获得巨大进步的国家。这些实例表明，现代农业的发展对实现工业化有着重要意义，也是工业化的重要内容和手段。总结这两种模式，一是工业化后再实现农业现代化，二是在工业化同时，就进行农业的现代化改造，并通过农业现代化为工业化提供基础和支持。从总体上看，中国正在走第一种道路，但由于中国地域广阔可以尝试多种工业化的途径，例如在海南省就可不必走工业化推动农业现代化，而直接以农业现代化作为立省之本。

在现代农业中，以追求生产高效率为目标的大机械生产方式来实现农业生产的现代化并不适合中国的国情。我国的基本国情是人多地少，大量使用机械作业，用机械替代劳动力和简单地提高农业产量并不是农业现代化战略的重点。相反，在土地增加劳动力投入，使单位土地上增加更多的产出，实施精耕细作、迂回生产、反季节生产和高附加值生产，在育种、栽培等方面挖掘土地潜力，通过发展绿色农业、特色农业、畜牧、养殖、反季节农业等产业，形成符合中国实际情况的农业发展战略。绿色农业即无害农业。随着人们收入水平的提高，对健康需求的增加，人们对残留在蔬菜、瓜果中的有害物质越来越采取排斥的态度，绿色农业产品成为人们竞相追捧的对象。加入WTO以后，中国农副产品屡受国际绿色壁垒的限制，在很大程度上影响到中国农业的竞争力。由于绿色农业是以天然方式进行生产，投入劳动力更多，附加值大，因而它必然会成为解决中国农村剩余劳动力的重要途径，在大城市周围的农业菜果基地建设绿色农业产业，利用中国城市需求实现农村现代化与城市消费水平提高同步，用城市发展推动农村绿色产业发展。这一产业的发展会给运输、保鲜、农业机械、育种、化肥等产业带来一系列新的变化，是后向关联较强的产业。

特色农业是根据农作物的特性，如药物、保健、观赏等形成的新兴产业，如苦瓜、木瓜、花卉、草坪等产业。这些产业具有高附加值，可以进行工业深加工，它们可能不会带来很高的直接就业吸收能力，但却可以诱发相关的工业和物流业等产业的间接劳动力投入，使农业尽快走向工业化生产，通过制度化改革，将农村分散经营企业化，如订单农业。特色农业在利用土地资源方面有着独特优势，提高山地作物附加值，这对中国这样土地资源比较稀缺的国家来说，无疑也有着重要的作用。

畜牧养殖是重要的农业迂回生产方式，是通过加长产业链条实现农产品增值的重要途径，也是提高劳动力投入量的重要方式。畜牧渔的集约化养殖可以在较少占用资源的条件下实现劳动力的多投入。在韩国和日本，很多农户以少量、精细的饲养代替粗放的饲养，用手工按摩等方式提高精肉的比例。集约的畜牧养殖还可以通过培育新的产品品种来提高附加值，多品种饲养可以形成循环生产环境，使生产更加集约，从而更多地使用劳动力。此外，反季节农业会让农民的闲置时间得到充分利用，也可以大大提高农业的附加值，提高农民的劳动时间利用率，降低农民的集中劳动强度，减少农民在时间上的闲置。

二　中国劳动密集型产业的技术升级

企业的技术选择应基于中国要素禀赋的比较优势。在第二产业快速发展背景下，很多产业的技术直接或间接地来源于与中国要素禀赋不同并且市场经济十分发达的国家，这些技术对中国过剩的劳动力有着天然的排斥，它使中国产业的技术发展面临提高竞争力同发展劳动密集型产业、缓解就业之间的两难选择。随着经济全球化程度的加深，这种情况将越来越突出。据《环球时报》2003年2月17日的报道，日本佳能公司将投资1000亿日元建造一条自动化程度更高的生产线，生产小型照相机、家用打印机等产品，从2004年4月开始逐步将上述产品在中国的部分生产能力撤回日本。其理由是,"尽管中国的劳动力成本仅相当于日本的1/20,但是此生产线的建成将使这一优势变得没有任何诱惑力,因为在这样的全自动生产线上生产出来的产品,将比在中国生产更便宜"①。

基于中国的要素禀赋结构,应将重点放在劳动密集型产业的技术创新方面,注重中间环节的技术创新,通过鼓励过程技术创新,摆脱由技术国际化形成的路径依赖、排斥本国要素禀赋现象。

1. 基于企业利益的技术选择

由于企业总是生长在一定的技术环境之中,因此,产业技术轨道对企业技术选择的干扰是不可避免的,当企业遵从技术轨道进行技术选择时会给技术模仿者带来利益,相反,则可能会造成机会损失。也就是说,企业沿着技术轨道选择技术是追求利益的结果,也是技术不确定性和市场需求轨道特征共同作用的结果。一方面,技术研发的成功会使技术开发者形成思维定式,同时,人们为了避免研发的不确定性,而愿意在已经成功的方向进一步探索,从而使技术得到强化;另一方面,技术产业化以后,会形成需求者的利益,为了增加可维修性和产品的互换性,人们并不希望有更新的产品出现,这种网络效应也会强化技术发展轨道。因此,产业的技术轨道代表了市场价值和产业技术的演化方向。一般而言,企业应进行顺轨创新,这有助于企业降低成本,借助其他企业对技术创新所产生的外部性获取利益。

当然,在技术和市场剧烈变动的前提下,企业有时也要选择新的产业技术轨道。这时,企业必须识别技术的发展前景,判断新的产业技术轨道生长点,在此基础上,力争提前进入技术轨道,引导产业技术轨道向前延伸。如果企业选择出现失误,则对企业的未来将是灾难性的,企业不仅会牺牲掉利益,还会因为沉没成本而倒闭;但同时,如果企业对已经得到控制的技术方向进行快速和大规模投入,对市场

---

① 王保林:《珠三角地区产业结构改造、升级与区域经济发展——对东莞市产业结构升级的新思考》,《管理世界》2008年第5期。

的影响集中而猛烈，也可以扭转被动的前景，引导市场按自己的意愿发展。从这个意义上说，相同技术方向的企业之间不是一种竞争关系，而是一种合作关系。企业在进行技术选择时，面临着两种竞争：一是标准或技术方向的竞争；二是产业内部竞争。企业的技术选择在很大程度取决于这两种竞争取向。在产业内部竞争优势有两种：一是通过降低成本获得成本优势；二是通过差异化获得差异性优势。我们可以借助价值链的概念来深入分析成本优势和差异性优势。

如果企业能以比竞争者更低的总成本提供相同价值，即可获得成本优势。因此，企业要在成本上赢得竞争优势，一定要控制价值活动总成本，想办法降低价值链上各环节的成本。如果企业能给顾客提供比竞争者更多的价值，譬如，推出更新的产品、产品的质量更高、产品的售后服务更好、产品的交付更及时等，将取得差异性优势。企业的差异性优势也要通过在价值链的各环节上建立起竞争者无法复制和模仿的差异性来形成。企业的竞争优势与技术战略选择之间并非简单的决定和被决定的关系，而是一种动态的、双向的互动关系。在竞争加剧、技术复杂性日益增强的背景下，企业普遍面临技术资源绝对短缺或相对短缺的困扰，将有限的技术资源用于企业现有的竞争优势，通过形成竞争优势建立技术轨道。如果企业在战略上选择投入技术研发的资源较少，而投入到市场开发上的资源较多，则企业就只能选择从另外的市场引进技术，并将技术研发的节约用于同技术竞争者共同开发的市场竞争方面，形成以引领市场为导向的企业发展战略。在企业的竞争优势形成以后，必然发生动态的发展演变，经历产生、成长、成熟、衰亡等阶段。企业若想长久保持竞争优势，就必须对竞争优势进行持续不断的培育和提升，如果企业能够在没有出现市场衰退前，将可能的资源用于建立新技术轨道，则企业不仅可以获得产业内优势，也可以获得技术方向上的竞争优势。

在开放经济，特别是全球经济一体化趋势下，技术选择越来越全球化，但是技术作为要素组合方式，在要素无法全球化条件下，却出现了脱离本国要素禀赋的技术选择情况。不论是企业出于自身利益考虑，还是基于竞争优势考虑，这种选择都不得不被承认，这造成了比较严重的要素供给与要素需求之间的不对应。很多学者提出尽快提高我国独立创新能力，多是从增强竞争能力、形成技术控制能力出发的，但从笔者的观点，它的根本意义在于使企业的微观动力与宏观目标一致，即它能够通过企业根据本国市场要素禀赋更自主地参与选择技术，使技术体现本国的要素禀赋。这一方面需要有国家参与创新能力的培养；另一方面，需要有战略性的安排，在经济发展还未达到足够发达的阶段和独立创新能力不足时，增强创新能力可能是唯一的目标。这一矛盾的解决需要依赖多种形式的创新。

技术战略选择可以分为自主研发战略、引进模仿战略和模仿创新战略。技术战略的选择必须考虑一系列的约束，企业技术能力、产业技术轨道和国家政策，这些都是企业技术选择的重要影响因素，满足约束的技术战略构成可行技术战略。在所有可行技术战略中，再根据优化竞争优势（成本优势或差异性优势）的目标进行选择。此外，在引进技术载体上，也存在多种选择，区分为成套引进、分解引进和软技术引进，这些也会影响到技术引进的效果和后续的技术创新方式。成套引进几乎无一例外地采取了模仿，这种方式可以简化技术引进谈判过程、降低技术吸收的难度，但却不能在技术引进过程中做出改进，甚至还会发生严重依赖技术引进国的情况。软技术引进是指技术专利、专有技术的引进，这种技术引进对技术引进国要求高，需要的技术转化和技术配套能力强，对于完整的生产系统所需要的工艺而言，还需要自己进行设备制造与实验。分解技术引进是近年随着我国技术转化能力增强而出现的越来越多的技术引进方式，它只引进关键性的技术设备，在国内实现生产线的集成。

2. 我国技术引进的原则

我国在技术引进模式选择上虽然实现了多样化（从硬件设备到软件技术），但是在目前对成套引进的模仿是不值得推崇的。在我国技术引进上，应该遵守以下几个原则。

（1）拒绝盲目的成套引进。成套引进在短期内可以迅速弥补我国很多领域的技术空白,可以在短时间内实现批量生产和占据市场。成套设备或技术具有较好的一致性,在设备和技术之间具有良好的协调性,不容易产生技术或设备不配套或者冲突的现象,在短期内就可以形成引进的效果。但是从长远考虑,这种成套引进将会大大增加企业的生产成本,并且对技术输出国形成了一种强烈的技术依赖。对整个社会而言,成套引进一般很难符合我国的要素禀赋,正如前文分析,会造成我国劳动力大量剩余,更无法发挥我国的要素优势。此外,成套引进对技术创新也形成了阻碍。我国尚处于技术水平较低的阶段,技术创新在选择技术引进模式选择之前就应该着手,在成套引进后模仿性的技术创新往往成为一种新的障碍,引进企业以技术垄断方式获得利益,加剧了技术保密性,它也不能在国内转售技术,阻止了技术在国内传播,这使得其他企业不得依赖于重复引进,造成了资源浪费。技术发展思路引导到理解所引进的技术上,如果引进技术不符合我国要素禀赋,消化和创新都存在较大难度。由此,我们必须慎重地对待成套引进,避免出现由引进产生的长期副作用。

(2) 以市场为导向,以微观基础和利益为动力组织技术引进。在技术选择过程的基准确定上存在着经济性抑或先进性的考虑。从高附加值出发,企业可能会选择先进技术,甚至可能会选择独立开发技术;从降低成本出发,企业会充分利用要素禀赋优势,技术先进性在其次,而技术的适用性或经济性成为技术选择的主要考虑因素。在我国技术落后的情况下,技术的来源主要应以国外引进为主,包括成套引进、技术购买、技术合作、模仿,技术引进可以节约技术开发成本,使技术与我国要素禀赋在时间阶段上具有一致性。虽然这种技术形成的来源带来了很多问题,如开发能力弱化、污染环境和高消耗,但同时我们也应看到,它为我国拉直发展路径、缩短发展时间起到了十分重要的作用。尽管我国的产品在国际市场上销量很大,市场占有率很高,但利润却很低,大量企业的生产只能赚取少量加工费而已,同样是劳动密集型产品的服装和鞋类,在我国大多数是依靠低技能的熟练劳动力生产出来的,因为其技术和设计含量低、价格低,从而产品的附加值也低。经济性与先进性的转化还会体现在不同产业阶段上，西班牙和意大利都是生产服装和鞋类的大国，但是这些国家的产品早已从劳动密集转向劳动密集与知识密集的结合，产品中蕴涵了较多的技术含量，所需要的技能型的劳动力经过多年的经验积累和特殊的培训成为该产业的主要要素禀赋条件，其附加价值高，国际竞争力强[①]。这意味着劳动密集型产业在经过经济性以后有可能会因为经验积累而进入技术密集产业阶段，原来的劳动密集型产业可能会因为要素禀赋改变而得到提升，实现从经济性转向先进性。当前，我国在技术选择过程中，仍然应该突出劳动密集优势，结合区域差异，在沿海地区应将劳动密集技术向内地转移，而自己则逐渐转向人力资本密集、劳动密集与技术密集结合以及劳动密集与知识密集结合的产业上，在引进技术时可以适当提升技术等级，但不应过多引进资本密集技术。

（3）进行技术引进模式创新，实现分解引进。以往的众多关于技术创新的研究很少涉及技术引进模式，而是着重讨论技术引进后对技术的吸收与创新的影响。但我们必须看到，分解引进模式也是一种技术创新形式，它是对现有技术引进模式的创新。在技术引进的初期就把创新运用其中，而不是等到技术引进以后再讨论创新与吸收。分解引进也是促进创新实现的催化剂。如日本，部分技术的引进必须要求其他部分的自主创新相配合。对我国而言，由于成套技术与设备的引进，已经可以直接投入于生产，不需要一定依靠自主创新才能够实现配套生产的技术或者设备，这样反而更容易安于现状，形成对技术创新的惰性。利用分解引进，还可以使技术结构逐步适合我国的要素禀赋。分解引进可以帮助解决我国现阶段技术结构中的一系列问题：可以减少资金费用，避免不必要的资源浪费，刺激本国的技术创新，但其中最重要的长远影响在于它可以有助于实现适合我国要素禀赋的技术结构。通过分解引进，在不断的细化分工中尽量寻找生产技术系统

---

① 龚震：《产业转型升级警惕五大误区》，《中国经贸》2011年第5期。

中能够使用劳动密集型技术的部分，在劳动力可代替资本进行生产的前提下，引进部分技术实现生产系统的关键突破并以此来扩大劳动力的利用，减少资本投入，这不仅符合我国劳动力要素丰富的资源优势，而且利用劳动力的价格优势获得国际竞争优势。利用分解引进是调整我国技术结构的关键步骤，通过分解，达到解剖技术的目的，这会在很大程度上实现对引进技术的尽快熟悉和本土化，对提升我国技术分析能力和识别能力有重要意义。在实现技术分解引进的前提下，相当于将技术市场更加细化，通过我们自身的选择可以将国外技术与我国技术衔接得更加紧密，这种技术细化相当于将技术进一步连续变化，也相当于为企业提供了更为充分的技术选择，因此，不仅对劳动力要素禀赋，即使其他要素禀赋的相互结合也需要有更为自由的技术选择，技术分解是其中的重要手段。

3. 基于技术可分性的技术进口战略

在进口技术时，技术出口国经常会采取搭售那些非关键技术或者将技术硬件化，以避免被接受国用技术分解反求工程破解，制造技术引进国对技术输出国的长期依赖并获取持续利润，技术接受国受到技术接受能力的限制以及交易地位的限制只能接受技术。技术输出国在向我国国有企业销售技术时采取提供旅游访问费用、承担子女国外就读费用与担保等措施，这种措施被大量国有企业领导解释成我国技术消化能力的缺陷和在技术上赶超世界先进水平等理由，从而形成技术交易双方购买成套技术的私下利益，在整体设计、交钥匙工程等技术引进活动中也大量存在。从技术上说，技术输出国采取整体设计、成套出售技术和交钥匙工程等方法在20世纪80年代逐步为结构化技术所取代，这是技术市场竞争的结果，因为结构化可以降低设计成本、维修成本和减少维修等待时间，增加互换性，从而提高产品性能。但对技术输出来说，非关键性技术不再是获利的主要来源。80年代出现的商用设备结构化现象在客观上为突破成套技术出售创造了条件，这也是以家用计算机为代表的产业和集成技术得到快速发展并国际化的重要原因。从技术引进角度上，结构性技术设计激发了市场采取技术分解引进的动力，商用设备结构化在很大程度消除了技术引进国的要素禀赋与技术排斥形成的障碍，而当技术引进国很好地吸收了技术并使之转化为高质、低价的产品时，技术输出国也在其中获取了利益，因此，这种结构化趋势在世界范围内很快得到普及。

在实现分解引进过程中，一个主要的影响因素就是技术是否具有可分性。我们可以把技术看成是一个组织，是将输入品转化为输出品时由所有环节组成的生产工艺，在过程和环节之间能否构造节点便成为技术是否具有可分性的前提条件。工艺分析是为了了解一个企业如何运作所需要的基本技能，通过绘制企业的原材料和信息的简单流程图，显示出各个要素相互间的配合关系。这种分析主要是为了提高生产绩效和企业利润而设计的有关全局生产的资源分配。技术可分性相对于工艺分析则简单许多，它主要着重于技术各个部分的融合与分解，这种分析主要是对内部结构进行透析。基于此，有理由认为在技术引进模式上完全有可能利用技术可分性来实现分解引进。这种技术创新，将对我国整个技术结构产生很大的影响，它从技术引进之初入手，减少了后续带来的许多问题。

长期以来，经济学一直隐含着不存在资本与劳动力之间替代障碍的假设，它的实际意义是使用资本的目的在于提高技术含量和保证质量，而使用劳动力的目的在于节约资本，在劳动力丰富、资本稀缺情况下，企业往往因为这样的原因才有此动力。但是这需要一个重要的前提，即技术是可以分解的。把那些对质量影响不十分严重的技术环节与影响产品质量的环节区分开，在不影响产品质量的情况下，尽量多使用劳动力和更便宜的技术设备。

能够将技术进行分解，它需要技术创新能力，也需要技术引进的谈判能力，同时，还需要技术集成或组合的能力。成套引进或购买技术虽然可以降低技术引进的难度，在培训等掌握技术的环节上、在技术引进的谈判上、在设备内部的整体性能以及后期的技术服务保障上都可以得到便利，但却无法让技术与本国要素禀赋相适应，也不可能形成经济学上资本与劳动力自由充分的替代。而事实上，只有技术具有可分性，资本与劳动力的自由替代才能够得以实现。

基于技术的可分性可以实现关键技术的引进与突破，包括产品核心功能、质量控制、环境保护、能源节约、生产安全等方面，也就是需要把关键技术指标加以突出，以此来决定引进技术的方向。由于是以企业为主体的技术引进，因此，必然需要比较国内开发成本、技术采购成本与引进支出，还需要权衡在技术使用期间所节约的人工费与分解技术引进所节约的开发费，只要关键技术引进具有可能性并且从长期来看可以带来节约效应，就应该分解引进。当企业意识到可以通过技术分解获得节约，并由节约建立起企业在全球市场上的竞争力时，企业就可以实施这一决策。从客观上，它将带来节约资本和多使用劳动力的双重结果，由此推进了劳动密集型产业的发展。

基于技术可分性，还可以把生产操作过程分解为间断的生产活动，在技术上形成若干个独立的技术系统，因而可以把这些不同的技术工艺分离出去，从而形成专门化的生产单位。在企业中，组织这种生产系统即是车间；在相邻的空间上由不同企业完成的，这种生产系统的形式是企业集群；在不同国家完成的，这种生产系统便构成加工贸易。技术分解是生产分离的前提，而生产分离又是专业化与大范围结合要素禀赋的前提，正是基于技术可分的背景，经济全球化才得以实现。

基于技术分解，国家还可以获得很多外部效应。从国家利益角度看，分解技术、实施关键技术引进的目的还在于培养自己的技术创新能力，形成技术分析能力和技术发展体系的衔接能力，其原因是，一方面节约资本和技术开发性投入；另一方面，也要考虑技术适应性，对过时和已经消化的技术不需要引进，而过于先进的技术因为缺少国内的配套环境不能马上消化，也不能引进。实施分解引进可以比较自由地形成消化技术序列，在消化技术获得效益，形成配套环境。但是，技术输出国会出于竞争利益的考虑对技术出口加以控制，这时选择分解引进时，需要同步考虑配套创新，技术越先进的产品，在引进以后的创新应越强烈。

第八章　中国劳动密集型产业转型升级的对策建议

由于技术市场的复杂性，政府几乎无法出台统一的技术壁垒要求，也不能出台相关政策推动技术分解引进，政府只能通过教育、技术中介、研究机构推广技术分解的分析方法，以此来加强企业在技术选择方面的方法性引导，并为企业通过技术选择获取利益提供分析工具。此外，政府也可以宣传总结和推介国内已经出现的通过分解技术引进实现了企业成功创业和发展的案例，对企业行为产生引导和启发作用。

技术分解可以演化多种方法，适用于不同领域和技术发展阶段，这些方法包括技术分解引进、技术分解反求工程、技术分解外包、技术分解模仿等。技术分解引进是典型的技术分解，它是技术引进者将所熟悉的技术工艺或系统分解为若干个部分，向技术输出国提出购买要求，包括向不同国家提出购买要求、向同一国家不同企业提出购买要求和向同一企业提出购买要求。技术分解反求工程是运用反求工程将产品或工艺进行解剖，发现关键的技术部分，或者以本国力量进行模仿，也可以向国外该关键技术的提供商直接购买。例如中国电池生产企业通过引进成套设备发现只有绕线机是其中的关键部件，而绕线机的关键技术只是软件控制，找到国外设备企业的软件供应商，直接向其购买，节约了大笔支出。技术分解外包是利用技术阶段性，将可以接受该技术但又有更强的比较优势的地区或国家的生产能力加以利用，形成更具有竞争力的能力，这种方式的关键在于利用技术分解原理，设计技术单元边界，再对单元技术进行分别处理。技术分解模仿是着眼于对那些具有本国生产优势的技术结构加以模仿，形成自己的生产能力。

近年来，由于跨国公司内部技术转移，技术对不同国家要素禀赋的不适应性已经得到一定的缓解，那些不具备要素禀赋优势的技术通常被阻隔在国外，而只选择那些具有要素禀赋优势的技术进入。这使技术引进不再是过去以技术输入国为主要推动力，而是以输出国的企业为主要推动力，这种变化还因为它们更加熟悉本国技术而大大扩展了技术选择范围。但是，由于技术路径依赖现象的存在，即使在跨国企业充当了技术转移主导力量的条件下，也仅仅是技术选择范围的拓展，而不是出自于要素禀赋环境的技术生成。主要原因是：一方面，跨国公司会依赖于自己熟悉的技术进行选择，特别是基于已经形成的生产系统和所熟悉的生产组织过程，这会在很大程度上排斥不熟悉的技术，从而使技术范围大大被缩减；另一方面，很多发展中国家为了吸引外资进入采取了很多优惠政策，这些政策本身具有扭曲要素市场价格的特征，诱使外资企业更多地使用本国技术。总之，即便跨国公司对两国要素环境都比较熟悉，但由于跨国公司本身的特性，也难以做出与技术输入国要素禀赋环境完全一致的技术选择。

三 中国劳动密集型产业的管理升级

劳动密集型产业相对而言企业发展比较缓慢，企业科技水平以及信息化水平均不高，加强对劳动密集型产业的管理升级十分重要。传统产业的转型升级，如何转、怎样转，不仅受到宏观经济环境影响，企业内部的投资决策才是主决定因素。为了降低交易成本和减少不确定性风险带来的不必要损失，企业内部自身要做好经营决策监管，一方面树立科学民主的投资理念建立项目评估评价机制，另一方面需要实行公司信息披露制度，将企业的投资决策等进行公示，让群众的力量进行监督来减少寻求"道德风险"等机会主义行为。此外，还要加强对经济项目的审计监管工作，在项目投资前，一定要进行全面的可行性分析，开始后也要持续进行监控，保障有问题能及时弥补，避免不必要的恶性投资，造成产业升级悖论。最后，还要对重大的经济决策实行激励与处罚机制，传统产业多数为国有企业，往往面临着委托代理问题，容易造成所有权责任不明。因此，一定要有相关的法律法规和企业规章制度，来提高投资效益也要降低决策风险，审慎投资。劳动密集型产业在管理升级过程中，建议其要加强企业内部控制，完善企业内部控制体系，加强对企业的管理，才能够更好地提高劳动密集型企业的工作效率，使其规范作业。

第一，健全内部控制制度体系。劳动密集型企业要想进行内部控制，那么首先就要优化内部控制环境，也就是健全企业内部控制制度。完善劳动密集型企业的内部控制制度，构建内部控制体系，这样才能够更好地提高企业的管理水平。劳动密集型企业要制定相关的产品生产制度、生产设备管理制度、过程检验制度、出厂检验制度、入厂检验制度、技术要求以及相关的人员管理制度，明确相关制度管理规定，能够为内部控制提供准则。之后，要明确企业管理的组织机构。明确各个部门的职能与权限，加强对企业内部的管理与控制。

第二，建立风险预防机制。从劳动密集型企业的正式环境来说，许多劳动密集型企业风险的应对存在一定的漏洞，由此可见，对劳动密集型企业内部风险和外部风险的辨别、评估和应对是劳动密集型企业应该重点关注的问题。这就需要劳动密集型企业正确地识别风险、准确地评估风险、高质量地应对风险，以保证劳动密集型企业在可以承受的范围内应对风险损失，加强劳动密集型企业的风险评估工作。

第三，建立监督管理机制。对劳动密集型企业的内部管理情况进行监督管理，找出管理过程中存在的主要问题，并且针对存在的问题制定解决措施，以便更好地对劳动密集型企业进行管理。

四 中国劳动密集型产业的品牌升级

品牌效应对提升产品价值和知名度有着重要的关系，就如我国服装行业而言，我国主要是将服装原材料出口到其他国家，然而欧美、韩国等国家，通过设计品牌服装，便能够进行高价格销售。我国纺织业等收益比较低，然而通过设计高品牌服装，便能够立刻提升产品的价值，可见品牌建设对产业转型升级的重要性。我国劳动密集型产业通常品牌效应并不是很好，主要是通过人工生产原材料进行出口，而忽略了我国自主品牌的塑造。建议我国劳动密集型产业在发展过程中要注重品牌的塑造，不仅仅只是强调数量的加工以及出口，必须要注重品牌构建。首先，要对产品质量进行控制，保证生产出高质量产品，以高品质得到消费者的认可，让消费者满意；其次，要注重产品的唯一性创造，加强设计创新，保证所生产产品的独特性，与其他产品有着明显的不同,进而申请商标,创建品牌;最后,要加强品牌的宣传与营销,与国际知名明星进行合作,加强对产品品牌的宣传,不断走国家化路线,让其获得国内外消费者的认可。

1. 品牌构建战略

目前我国在国际分工中主要以加工贸易为主,附加值低和对能源消耗严重已经开始影响到我国的产业竞争力。动态地看,加工贸易是提升品牌能力不可缺少的阶段,台湾地区过去有着非常明显的加工贸易特征,但目前已经转型为以品牌经营及部件生产为主。当一国的加工能力达到一定水平以后,会对世界市场产生影响。由于不满足利润率过低,有可能推动其向微笑曲线的两侧转移,利用长期积累起来的利润向产品研发设计、配件生产和品牌经营、销售及服务转移。就我国而言,目前独立生产的产品部分仍然处于以模仿为主的技术发展阶段,独立研发能力不足,需要大力进行培养,而更为缺乏的是独立品牌的经营能力。由于缺乏品牌经营能力,我国产品多数以贴牌方式进入世界市场,产品的大部分附加值转移到品牌经营者手中,把我国对能源、土地、环境的补贴通过加工性企业转移给国外企业。这种方式虽然给吸收我国劳动力就业带来好处,但大量的附加值转移,必然从长远上伤害我国的经济增长能力。同时,长期从事加工产业,参与国际产业循环过少,品牌经营经验弱化,产生对组装加工生产方式的路径依赖,跳出 OEM 陷阱的机会减少。

OEM 陷阱是指一个类似于完全竞争市场的加工业长期参与分工而无法脱离的现象。一些发展中国家,在劳动力比较优势的吸引下会选择 OEM。一般而言,发展中国家选择 OEM 是因为这种生产方式对产业进入壁垒要求低,市场进入容易,因此,市场竞争比较激烈。这样在大量企业竞争 OEM 订单的条件下,OEM 产品的出口价格就被压得很低,最终销售的利润大部分由控制了品牌和市场渠道的国外厂商获得,企业几乎完全没有能力摆脱对国外出口的依赖和对国外技术的依赖。这样的企业在参与国际分工过程中,总是处于落后的地位和价值链的低点。如果这样的企业在一个国家十分集中,则会导致该国家落

第八章　中国劳动密集型产业转型升级的对策建议

入 OEM 的陷阱之中，马来西亚、菲律宾等国都出现了此类现象。例如，在美国市场鼠标的销售价是 24 美元，在价值分配上，渠道商有 8 美元，品牌商有 10 美元，生产成本为 5.7 美元，包括近 1/3 的劳务费，OEM 厂商的利润为 0.3 美元。从利润率上看，生产企业的销售利润率可以达到 5%[1]，对于很多发展中国家的企业来说，是一个十分诱人的利润率，但从利润总额来说，如果企业希望能够达到与发达国家相同的技术开发能力，这一利润额根本无法与之竞争[2]。发达国家会将利润用于技术研发和商业网络、品牌投资，稳定在微笑曲线两端，而发展中国家却因为利润较低，无法对技术、商业网络、品牌进行大规模投资，即便进行投资，也无法与发达国家竞争和抗衡，从而跳出 OEM 生产阶段的可能性大大下降。控制技术和销售网络的发达国家也会引导发展中国家使用低门槛的技术进入壁垒，使这些发展中国家之间存在竞争，并通过竞争压低价格，减少发展中国家的利润，达到在短期转移利润，在长期抑制竞争对手的目的。发展中国家落入 OEM 陷阱之中不能自拔。从这个逻辑上看，OEM 是国际市场开放下，甚至是在发达国家诱导下，发展中国家主动自觉钻入的低价值陷阱。它不同于比较优势陷阱，但起源于比较优势陷阱。比较优势陷阱是指由于存在着比较优势，在国际贸易中出现要素净流出现象，并导致一国难以从比较优势中脱离出来的现象。但如果在加工贸易方面采取鼓励竞争措施，同时国外又以低技术进入门槛进行诱导，会产生发展中国家间和发展中国家内部的竞争，形成压低加工费用、转移本国利益的结果，抑制利润增长，并使本国长期处于加工贸易地位。

但是我们也必须看到，从事加工贸易生产的工人工资并不高，甚至在一些加工贸易企业还由于市场竞争与订单不稳定等原因，拖欠工资和人为压低工资，将价值进一步向国外转移。一些从事加工贸易的内资企业，对职工劳动保护投入长期不足，存在着多处设备安全隐

---

[1] 陆圣：《美国劳动密集型产业发展策略》，《江苏纺织》2012 年第 8 期。
[2] 安同信、李光红：《跨越中国劳动密集型产业发展的陷阱——基于日本经验的借鉴》，《经济问题探索》2016 年第 2 期。

患，工人加班加点和身体透支，这些现象使工人实际代价过高，而收入进一步下降。

2. 品牌竞争战略

很多 OEM 行业的主管、企业家都认为，OEM 产业的出路在于向 ODM 和 OBM 扩展。通常人们都主张 OEM 产业发达的地区应实施有方向性的产业转移战略并加大产业升级投入力度。在这种思路中，ODM 和 OBM，即自主研发和自主品牌是最被看重的两个要点。按照这种思路，OEM 企业的出路在于对产品设计环节的研发进行投入，或者投入品牌建设直接面对市场。但是，无论 ODM 还是 OBM，投入的费用都相当巨大，周期也远比制造周期长。更重要的是，面对发达国家完善的开发设计体系和长久的品牌形象，即便投入巨大，产品设计或品牌建设也未必能够达到预想的效果。

加强品牌出口需要两个方面的策略相互配合：一是要立足于国内品牌经营，通过品牌的进口替代，使在本国加工却使用国际品牌的产品大幅度减少，让出市场为国内品牌提供空间；二是采取限制出口加工的战略，将原来鼓励出口加工的政策转向为抑制出口加工的政策，包括征收出口加工税和为品牌出口提供便利与优惠。此外，还应适当提高要素价格，主要是能源、土地和劳动力价格，迫使出口加工的国际竞争优势下降，避免将出口竞争优势内化为国内的环境、能源、土地压力以及对提高工人收入的抑制。

第一种策略可以通过产品链分析思路得到。企业生产能力的提高，能够使企业逐步建立起适应不同规格的订单，并通过在行业之间转换，丰富自己产品的技术含量与技术适应性。技术含量提高、生产规模的扩大和产品换代能力的提高，为企业扩大市场合作者提供了根据，企业可以逐步转变自己在市场中的谈判地位，进而要求提高加工价格和利润水平，并将这一价值增加转变为企业研发成本（主要是研发人员工资），支持企业产品宽度加大。例如，在东莞的电子芯片工业，已经能够为近十个行业进行电子产品配套加工，即使在技术含量低的产业，比如日用品、五金制品行业，只要生产企业愿意并对市场

第八章 中国劳动密集型产业转型升级的对策建议

需求的多样化做出较好适应，就会在一定程度上跃出 OEM 陷阱。因此，要实现自主研发的产业升级，OEM 企业首先要考虑的是一种直接体现企业产出能力的增长。许多案例表明，那些只做 ODM，即只进行研发销售而把生产外包的企业，往往在它们的下游需要有一些实力雄厚的 OEM 企业作为产品的支持。从台湾地区的电子业的一些案例数据看，OEM 企业和 ODM 企业之间往往建立起一种紧密的联系，不仅产品的设计环节在两个企业之间是无缝连接的，在资本上也存在相互依存制约的关系。产品链分析的经济行为环节隐含着这样一种思想：只有在可以利用的产出能力增长到一定程度的时候，企业行为才会进一步升级和扩展。当一国在整体上的 OEM 生产能力增加时，才有可能出现一些产业向 ODM 发展。

从中国大陆的 VCD 行业考察，在 VCD 制造产业刚起步时，相当一部分企业选择了一边为国外大品牌做 OEM，一边自己自主研发换代产品并进行自主品牌营销，并最终成为世界上最大的 VCD 生产基地，占全球产量的 80% 以上[1]。品牌化对于那些直接面对消费市场的产品可能比自主研发更为重要。但是，品牌的泛滥，或者称之为品牌的完全竞争化，令大部分品牌都陷入 OEM 陷阱。2003 年，浙江义乌所注册的品牌已经超过了 4000 个，暴露了浙江中小企业创建品牌之路的误区[2]。在别人都建立品牌的情况下，OEM 企业不得不建立品牌以形成竞争态势，同时，单纯地依靠企业自身的广告投入建立品牌，成本相当巨大，也是 OEM 企业所难以承受的。在产品内分工框架中，产品的设计组织和品牌的销售、市场组织是连接得相当紧密的，以组织能力保护品牌，使之强势化。大终端零售商沃尔玛的模式是通过向 OEM 企业订货并贴牌，在商场里提供沃尔玛品牌的产品，类似的案例可见于专注于生活用品销售的屈臣氏。这种以大型终端建立品牌的方式为 OBM 的发展路径提供了一种思路：建立品牌要首先和大型零

---

[1] 张平：《全球价值链分工与中国制造业成长》，博士学位论文，辽宁大学，2013 年。
[2] 王攀：《劳动密集型企业：转型还是转移？》，《乡镇企业导报》2012 年第 2 期。

售终端企业建立好渠道关系，或者说，渠道的组织对品牌建立更具有意义。

过早地意图脱离 OEM、忽视 OEM 产业优势的战略转变都是不足取的。第一，产品链分析认为，OEM 产业的扩展建立在已拥有的 OEM 产业竞争优势之上，大量并不成熟的 OEM 企业跳过产品的优化环节和经济行为，或者国家过度推动 OEM 向 OBM 与 ODM 转变都会带来国家利益损失和企业行为扭曲。第二，跳跃式的发展可能因为市场组织的不完善而变得相当危险，1997 年的亚洲金融风暴就显示出经济组织的不完善可能导致的经济风险。对于发展中国家而言，充分利用本国比较优势，在一个稳固的产业基础上以均衡路径进行产业升级才是最为稳妥的。第三，为了避免落入 OEM 陷阱之中，政府可分阶段实施品牌出口推动战略，韩国现代集团的成功实例可以作为证明，波特也以此作为建立"国家竞争优势"的概念案例基础。对此中国政府正在努力尝试[①]。

另一策略思路是实施贸易保护政策。以贸易保护主义思想为基础的限制低附加值产品出口政策曾经在德国工业化初期进行过探索，这一政策今天的意义不仅在于避免比较利益陷阱，还在于避免由于政府的近期目标而牺牲了国家的长期利益，致使政府和企业共同为短期利益而付出过大的代价。从加工贸易看，本国不仅只获得了较少的加工费、利润和税收，更为重要的是必须支出能源、土地成本，支付污染造成的成本。发展中国家在价值链上获得的价值分配是低成本的结果，而这种低成本是当代人向后代索取，由后代承担的代价，大量的土地占用和硬化，原料消费与能源消耗造成消耗性的透支，环境污染带来的空气、水、噪声等使当代人的健康水平下降，为后代人留下不得承担的成本。由于发展中国家所分配的价值比例很低，为满足巨大的价值要求，而需要以更多的产品来实现。

---

① 卢为民：《用地政策引领产业转型——新加坡节约集约用地启示》，《资源导刊》2012 年第 7 期。

如果企业面对的竞争局面无法摆脱，也可以通过政府强制性地提高成本，包括能源价格、土地价格和污染收费，但这可能又会带来另一个问题，如果OEM企业注定要参与世界竞争，就只有压低劳动力的工资，这时就只有政府出台并严格执行企业最低工资标准。这种抬高成本的政策并不能成为主导性政策，但它作为配合性政策，在OEM达到一定程度以后实施，是十分必要的，甚至可以保护本国的长期利益。

实施品牌出口战略在很大程度上将国内加工贸易企业之间的竞争引向与国外企业之间的竞争，从以价格竞争为主，转向以品牌竞争为主，通过提高附加值为我国参与贸易的企业提供造血机能，避免价值过度转移到境外，抵制参与贸易企业工人收入过低的趋势。以比较优势而言，中国的优势在于劳动力丰富。经济全球化和加工贸易的兴起强化了中国的优势，由于中国参与国际分工程度的加深，今天几乎世界所有国家都在中国大规模发展劳动密集型产业中受益。虽然在中国的不同地区，这种优势存在着差别，甚至在参与国际贸易过程中，中国的一些发达地区，出现了局部的资本要素禀赋优势，但是从面向世界市场来考虑，劳动要素禀赋仍然是中国目前最重要的优势。中国可以在不排除劳动力要素禀赋优势的前提下，分地区、分阶段地实施技术研发和出口品牌战略，在消化剩余劳动力过程中，逐渐提高劳动力工资收入，将劳动力丰富的优势，转化为资本优势和人力资本优势。以国内市场培育品牌，用国内生产优势建立品牌基础，并通过一定的贸易保护，特别是对品牌的贸易保护，在产业内部提升产业地位，沿着微笑曲线向后方转移。也就是立足于已经建立起来的国内巨大的加工能力，通过加工贸易的关税征收和品牌出口的优惠支持，将加工能力转化为国内整体的品牌能力。

五　中国劳动密集型产业的政策升级

我国政府要加强对劳动密集型产业出口政策的完善，为劳动密集型产业发展提供政策基础。出口不仅是我国经济增长的重要推动力，也是我国参与国际分工、体现我国劳动力丰富的要素禀赋优势的重要手段，我国出口迅速增长在很大程度上体现出我国劳动力丰富和劳动力价格低廉的要素禀赋优势。扩大出口已经成为我国提升国际地位、提高经济总量、扩大参与国际分工、促进就业的重要举措。但是近年来，国际上对我国贸易壁垒不断提高、贸易摩擦纠纷不断，而我国自身的出口代价过大，不仅对劳动力牺牲较大，对未来的能源、环境、水资源、土地资源也都造成了巨大的压力，部分产品的出口退税政策将利益分配给出口部门，使出口企业为了追求利润而不惜牺牲本国当前和未来的利益。从发展劳动密集型产业考虑，一方面，要积极扩大劳动密集型产业；另一方面，要控制我国利益向他国转移，因此需要提高出口高附加值产品的比例。这需要对我国出口政策进行调整。

1. 出口导向政策从以产业结构为标准向以品牌为标准的转变

我国出口走的是薄利多销的产业发展政策，多年来，价格低廉一直是中国货的代名词。近年来，中国产品质量已经有了快速提升，特别是以贴牌为主的生产中，质量已经成为中国产品出口的重要竞争手段，这是由国外订单形成机制决定的。外国企业通过招投标剔除那些没有质量、竞争能力的对手，根据国外企业已经成型的产品标准衡量贴牌企业的生产能力，所以那些按国外订单要求的质量、款式、销售渠道以及促销方式的企业的质量控制能力都得到加强，独立生产的产品开始进入中高档产品行列。但是，这并没有改变中国在出口贸易过程中只能获得低附加值的利益分配格局，其原因是中国无法通过设计、原料和销售、品牌及服务获得增值，只能得到加工利益，而且需要付出能源消耗、加工污染、土地占用等稀有资源的消耗。向微笑曲线的两侧转移应成为我国成熟加工产业的重要战略，出口导向政策也应对此进行鼓励，包括：对加工贸易进行征税，对品牌出口给予财政和金融支持，对独立设计的联合品牌也给予一定的行政支持，对能够控制关键性原料的进口替代给予支持。放弃目前正在执行的产业结构出口导向政策，而转向独立品牌、设计及附加值的支持政策，不仅对机电产品，而且对纺织品、轻工产品也采取相同的出口导向政策。以产业结构为导向的出口鼓励政策是不分品牌的"一刀切"政策,这种政策管理成本较低,也可以比较容易地与产业政策协调一致,但是容易造成优劣企业同时受益,从而违背培育竞争优势产业的原则。一些发达国家通过品牌化使传统产业保持持久生命力,表明追求品牌与对传统产业的研发投入保持了传统产业的高附加值,不仅可以在国际分工中保护自己的利益,也可以将新竞争优势与传统的要素禀赋结合起来。放弃以产业结构为标准的产业政策,以品牌和高附加值为标准、适当考虑产业结构导向应成为中国未来出口产业政策的重点。

2. 树立绿色贸易观,从国家标准的战略高度建立新的国际竞争力

要尽早开始 ISO 14000 认证工作,完善环保标准体系建设。现在很多国内企业检测标准还停留在 ISO 9000 标准阶段,而没有对 ISO 14000 环境系列标准引起足够的认识;少数国内先进企业,如海尔等一批具有战略眼光的企业则因推行了该标准受益匪浅。ISO 14000 是国际标准化组织为推动可持续发展,统一协调各国环境管理标准,减少世界贸易中非贸易壁垒而制定的环境管理系列标准。实施此系列标准,有保护环境和消除技术壁垒的双重作用。许多发达国家将 ISO 14000 作为允许进入本国市场的强制性标准执行。可以说 ISO 14000 是企业通往国际市场的"绿色通行证",是打破绿色壁垒的有效武器。企业要借鉴国内外成功企业经验,按国际通行做法,推行 ISO 14000 标准[1]。ISO 14000 标准认证不仅是绿色壁垒的重要法则,也是技术壁垒的重要依据,我国应加快制定相关技术标准,在企业成本承受范围内,分期对企业和产业进行标准推进,较快地与国际环保技术标准接轨,在国际市场获得独立身份,以此获得高附加值。

3. 实施绿色包装,提高我国产品出口的附加值

以绿色包装为导向的出口增值战略,是现阶段我国不能大幅度提高产品绿色含量条件下的权宜之计,也可以说,是我国产品绿色化、

---

[1] 安同信、范跃进等:《日本战后产业政策促进产业转型升级的经验及启示研究》,《东岳论丛》2014 年第 10 期。

达到或接近国际标准的最便捷的通道。绿色包装，指无害的、少污染的、符合环保要求的、使用后可回收再利用或可以自然降解的包装物。ISO 14000将环境管理纳入制度，要求"企业生产产品包括它们的包装不仅要重视效能，还要将环保的观念加上去"[1]。与日俱增的包装废弃物已成为环境的重要污染源之一，在重视环保的趋势下，绿色包装越来越受到各国消费者的青睐，同时，它又有力地突破了一些新贸易保护主义利用包装设置的绿色壁垒。企业在选择包装材料时要选用对环境无害、能循环使用或再生的，如规定禁止使用含铅、汞等有害成分的材料，还可以建立包装物存储返还制等。我国应采取绿色包装发展规划、建立绿色包装发展基地、实施绿色包装标准等政策，推进我国绿色包装进程。

4. 鼓励劳务出口政策

对我国来说，劳务出口不仅是我国赚取外汇的重要渠道，更是缓解就业压力，避免我国产品出口中的贸易摩擦，释放能源、材料、环境等资源压力的重要措施，还可以通过劳动力的流动，提升要素禀赋优势，获得动态收益。第一，有区别地对待劳务出口。经过20多年的经济发展，我国劳务质量在国际劳务市场上只具有中等地位，对发达国家来说，整体上处于低位，而对于经济刚刚起步的发展中国家来说，整体上则处于优势。因此，在劳务出口的政策上也应与此配合，对发展中国家来说输出具有一定技术水平的工人或技术人员，即以技术服务出口为主；对发达国家来说，则应输出低层次劳动力，以出口劳动力为主。相应的政策内容是，对发达国家限制出口技术工人，即使大学生愿意出口劳务，也将以学习技术的身份出口，而鼓励一般劳动力向发达国家输出；对发展中国家限制一般劳动力输出，鼓励技术服务输出。总体上，以鼓励劳务输出为政策主导。第二，形成有规模的劳务输出市场。目前我国劳务输出不仅缺少有效的国际合作，也缺少国内合作，不同地区各自为战，劳务输出竞争时有发生。为了避免

---

[1] 文小开：《广州产业升级转型之道》，《南风窗》2011年第6期。

在劳务出口过程中，信息不足和国内的激烈竞争，国家应建立统一协调机制，建立统一的网上劳务市场，沟通劳务供求余缺，调剂劳务输出走向。我国有大量向发达国家的技术移民，这虽然可以减轻我国劳动力就业压力，但也同时出现了我国向发达国家实施教育补贴（我国是以公费教育为主的国家）现象，如果这些人员转移到其他国家，为其他国家做低层次工作和不再回到本土，并不利于我国经济发展。对此，可以采取限制移民、鼓励劳务出口的政策，如财产抵押、担保、限额，形成国家出面的统一政策并通过劳务输出市场运行这一规则[①]。第三，加强输出劳务保护。在过量的市场化劳务供求调节中，劳务输出失去了应有的政府保护，出现了一些劳务输出的人身伤害和过劳致死、致残的现象。通过劳务出口立法和建立更为有效的行政管理机制来保护劳务人员的安全。第四，延长留学生学制，鼓励大学生劳务输出。经过多年扩大招生，我国每年大学毕业生的人数已经远远超过对大学毕业生的需求，表现为大学生工资与人均收入增长相背离的趋势。为了缓解大学毕业生的就业压力，可以采取鼓励大学毕业生的劳务出口政策。目前，我国学生在欧洲、澳洲等留学学制较短，硕士教育仅有一年，而课程没有减少。表面上看，可以减少学生在留学国家的时间、节约生活费用，但给学生造成很大的学习压力，减少了对社会的了解，失去留学的真正意义。这实际上并不有利于我国通过留学方式实施劳务输出，也不利于通过留学方式获得实践能力和研究能力。对此，中国政府需要出面协调学制时间，制定留学学制条例，引导学生参与当地社会活动和实质上的劳务出口。

[①] 简晓彬：《制造业价值链攀升机理研究——以江苏省为例》，博士学位论文，中国矿业大学，2014。

第九章 结论与展望

第一节 研究结论

受外界因素和经济因素的影响,我国劳动密集型产业转型升级发展势在必行,本书通过对珠三角劳动密集型产业发展现状进行调查,对国外劳动密集型产业转型成功经验进行借鉴,指出了我国劳动密集型产业发展的趋势和方向。本文在研究过程中,得出的结论主要包括以下几个方面。

第一,我国劳动密集型产业发展过程中存在着一系列的问题,其中融资难、相关政策已经制约了劳动密集型产业的发展,并且部分劳动密集型产业混淆了技术创新和价值创新的理念,导致劳动密集型产业在发展过程中日益萎靡。

第二,对我国劳动密集型产业发展过程中存在问题的原因进行分析,国家扶持政策不当以及产业转移政策不科学,对劳动密集型产业产生了一定的制约。各大劳动密集型产业管理机制以及运营模式过于落后、外资企业对劳动密集型产业发展产生威胁、劳动力成本上涨等因素,均影响了劳动密集型产业发展。

第三,对珠三角服装产业发展进行探究,指出茵曼企业要想能够在服装市场占据一席地位,建议其要注重研判市场和国际形势、产业营销渠道转变、提高品牌价值以及提高劳动生产率。

第四,对发达国家劳动密集型产业转型发展的成功案例进行分析，包括韩国、新加坡、日本、美国、意大利，并且指出对我国劳动密集型产业发展的借鉴作用。

第五，指出我国劳动密集型产业发展的方向，建议其要注重劳动力本地化、产业集群化、高端化、互联网化四大方向。

第六，指出我国劳动密集型产业发展的主要路径，建议其从结构、技术、管理、品牌、政策五个角度分析。

第二节 研究展望

我国劳动密集型产业转型升级发展已经是必然趋势，借鉴国外发达国家的成功经验，结合我国的实际情况，明确劳动密集型产业发展方向。本书在研究过程中，主要是以茵曼企业为例，具有一定的片面性，在今后研究中，进一步加强对劳动密集型产业转型升级的研究，不断完善研究结论。

参考文献

一 中文文献

安虎森:《区域经济学通论》,经济科学出版社2004年版。

安同信、范跃进等:《日本战后产业政策促进产业转型升级的经验及启示研究》,《东岳论丛》2014年第10期。

安同信、范跃进等:《新常态下中国利用FDI促进产业转型升级的障碍与对策研究——基于日本、韩国的经验》,《济南大学学报》(社会科学版)2017年第1期。

安同信、李光红:《跨越中国劳动密集型产业发展的陷阱——基于日本经验的借鉴》,《经济问题探索》2016年第2期。

蔡建明:《借鉴欧洲葡萄酒庄园模式促进铁观音产业转型升级——安溪茶业界赴意大利法国考察情况报告》,《中国茶叶》2010年第32期。

曹慧:《基于技术创新的资源型城市产业转型分析》,《中国集体经济》2014年第24期。

陈策:《江苏:产业转型升级要学习"韩国经验"》,《政策瞭望》2008年第2期。

陈华斌:《美国工业化过程中产业结构升级转型给绍兴的借鉴》,《绍兴文理学院学报》(哲学社会科学版)2008年第1期。

陈建军:《产业区域转移与东扩西进战略——理论和实证分析》,中华书局2002年版。

陈文华：《产业集群治理研究》，经济管理出版社2007年版。

承初：《茵曼落地新世界百货 拓展O2O模式》，《纺织服装周刊》2015年第44期。

迟志锋：《基于环境成本内在化视角的劳动密集型产业比较优势分析》，博士学位论文，中国海洋大学，2008年。

丁力：《韩国转型启示录》，《大经贸》2010年第12期。

方建华：《从经营"货"到经营"人"》，《纺织服装周刊》2016年第13期。

方建华：《升级粉丝经济揭秘"茵曼+千城万店"》，《中国制衣》2015年第8期。

方建华：《茵曼专注于棉麻世界的淘品牌》，《中国制衣》2014年第2期。

方齐：《产业转移时期珠三角调整产业结构的对策》，《中国经贸导刊》2009年第16期。

傅允生：《浙江劳动密集型制造业转移态势与政策取向》，《浙江学刊》2011年第6期。

干春晖：《改革开放以来产业结构演进与生产率增长研究——对中国1978—2007年"结构红利假说"的检验》，《上海市经济学会学术年刊（2009）》，2009年。

龚震：《产业转型升级警惕五大误区》，《中国经贸》2011年第5期。

郭娟：《茵曼的互联网万米长跑》，《IT经理世界》2014年第9期。

郭晓庆：《中国人力资本投资对产业结构升级的影响研究》，博士学位论文，辽宁大学，2015年。

郝俊卿：《关中城市群产业集聚特征、机理及效应研究——以制造业为例》，博士学位论文，西北大学，2013年。

胡春林：《珠三角地区产业结构服务化转型的战略思路》，《特区经济》2011年第11期。

胡春林：《珠三角地区产业结构转型研究——基于人口老龄化背景》，《当代经济》2011年第19期。

胡晶:《茵曼的新"＋"法》,《纺织服装周刊》2015年第22期。

胡美玲、王健:《劳动密集型产业升级的城市化路径研究》,《石家庄经济学院学报》2016年第3期。

黄德胜:《"科学发展"促进劳动密集型产业转型升级》,《哈尔滨师范大学》(社会科学学报)2014年第1期。

黄德胜:《科学认识劳动密集型产业》,《长春大学学报》2014年第5期。

黄付生、魏凤春:《日本经济结构转型与产业升级路径研究》,《现代日本经济》2010年第2期。

黄良波、郭勇等:《金融支持中国与东盟新成员国劳动密集型产业分工与合作研究——以纺织服装业为例》,《金融理论与实践》2009年第8期。

黄娅娜:《韩国促进产业转型升级的经验及其启示》,《经济研究参考》2015年第20期。

黄阳华、罗仲伟:《我国劳动密集型中小企业转型升级融资支持研究——最优金融结构的视角》,《经济管理》2014年第11期。

黄苑:《浅谈淘品牌的O2O模式探索之路——茵曼O2O案例分析》,《现代商业》2016年第11期。

简晓彬:《制造业价值链攀升机理研究——以江苏省为例》,博士学位论文,中国矿业大学,2014年。

金凯:《从新加坡经验看浙江经济转型升级》,《浙江经济》2009年第3期。

景占伟:《以传统产业为支柱的县市产业转型升级对策与建议——佛山市南海区、苏州张家港市实证分析》,《经营者》(学术版)2013年第6期。

赖琦:《日欧经验启迪珠三角产业升级》,《大经贸》2009年第10期。

李传志、张兵:《珠三角"用工荒"的思考》,《经济问题》2015年第8期。

李慧明、李彦文:《地区经济社会发展转型的生态现代化战略——意大利马尔凯大区发展模式的启示》,《东岳论丛》2013 年第 12 期。

李韶鉴:《新加坡科教人才政策与中国产业转型升级》,《河南师范大学学报》(哲学社会科学版) 2008 年第 6 期。

林航、谢志忠:《体验经济视角下制造业升级路径探讨——以德国、意大利为例》,《现代经济探讨》2015 年第 11 期。

刘琼:《迁移还是升级:"珠三角"的转型之痛》,《今日中国》(中文版) 2008 年第 5 期。

刘琼:《茵曼"下线"》,《中国连锁》2015 年第 12 期。

卢为民:《用地政策引领产业转型——新加坡节约集约用地启示》,《资源导刊》2012 年第 7 期。

陆圣:《后危机时代美国纺织产业转型及对中国纺织产业升级的影响》,《江苏纺织》2011 年第 2 期。

陆圣:《美国劳动密集型产业发展策略》,《江苏纺织》2012 年第 8 期。

路红艳:《珠三角地区产业演进与金融危机背景下结构调整趋势研究》,《经济前沿》2009 年第 9 期。

罗芳、李红江:《我国劳动密集型产业升级的路径依赖与路径选择》,《当代经济管理》2013 年第 6 期。

罗凯文:《日本经济结构转型与产业升级的途径分析》,《时代金融》2015 年第 18 期。

马佳丽、李雪琦:《基于发展经济学看我国劳动密集型产业转型——从浙江劳动密集型企业困境谈起》,《现代物业》2011 年第 8 期。

马妍:《2015 网络营销策略探究——以茵曼女装为例》,《中小企业管理与科技》(下旬刊) 2013 年第 2 期。

毛蕴诗、林晓如等:《劳动密集型产业升级研究:以台湾自行车产业整体升级及其竞合机制为例》,《学术研究》2011 年第 6 期。

莫介标:《传统产业升级转型的实现路径分析》,《企业改革与管理》2016 年第 12 期。

彭连清、詹向阳:《沿海地区产业转移与欠发达地区农村劳动力转移模式的演变——以珠三角为例》,《当代经济研究》2007 年第 5 期。

钱丽娜:《茵曼:"淘品牌"的"千城万店"之谋》,《商学院》2016 年第 4 期。

丘海雄:《珠江三角洲产业集群发展模式与竞争力研究》,经济科学出版社 2008 年版。

任慧媛:《茵曼:淘品牌落地社群化》,《中国连锁》2016 年第 5 期。

荣跃明:《区域整合与经济增长:经济区域化趋势研究》,上海人民出版社 2005 年版。

邵俊:《传统劳动密集型产业转型升级路径初探——以江苏扬州玩具产业为例》,《消费导刊》2014 年第 2 期。

佘时飞:《珠江三角洲产业结构升级策略研究——基于中山市产业结构调整的调研》,《企业活动》2010 年第 5 期。

沈坤荣、徐礼伯:《美国"再工业化"与江苏产业结构转型升级》,《江海学刊》2013 年第 1 期。

沈正岩:《产业转型升级的"韩国经验"》,《政策瞭望》2008 年第 3 期。

宋洋、王志刚:《珠三角制造业转型升级与技术创新路径研究——以新常态下 2010—2015 数据分析》,《科学管理研究》2016 年第 5 期。

孙皓、石柱鲜:《中国的产业结构与经济增长——基于行业劳动力比率的研究》,《人口与经济》2011 年第 2 期。

孙海泳:《美国"再工业化"的动力、影响与启示》,《国际融资》2013 年第 6 期。

孙宏超:《新加坡:便捷的电子政务》,《中国经济和信息化》2013 年第 2 期。

孙健健:《浅谈珠三角制造业转型面临的问题及措施》,《中国商界》2010 年 8 期。

田红云:《破坏性创新与我国制造业国际竞争优势的构建》,博士学位论文,上海交通大学,2007 年。

田洪川：《中国产业升级对劳动力就业的影响研究》，博士学位论文，北京交通大学，2013年。

王保林：《珠三角地区产业结构改造、升级与区域经济发展——对东莞市产业结构升级的新思考》，《管理世界》2008年第5期。

王海宁：《比较优势、人力资本与产业结构升级》，博士学位论文，青岛大学，2015年。

王缉慈：《创新的空间：企业集群与区域发展》，北京大学出版社2001年版。

王靖：《企业在珠三角产业转移中的作用研究》，《市场经济与价格》2010年第7期。

王娟：《创新驱动传统产业转型升级路径研究》，《技术经济与管理研究》2016年第4期。

王军利：《技术创新机制推动河北省产业转型升级》，《经济研究导刊》2014年第12期。

王攀：《劳动密集型企业：转型还是转移？》，《乡镇企业导报》2012年第2期。

王赛：《茵曼今年线下目标3亿元》，《纺织服装周刊》2016年第5期。

王硕：《日本经济结构转型与产业升级浅析》，《中国经贸导刊》2016年第32期。

王周杨、魏也华：《意大利产业区重组：集团化、创新与国际化》，《地理科学》2011年第11期。

魏丽华：《以危机为契机，积极推动珠三角制造业产业升级的分析》，《广州城市职业学院学报》2009年第2期。

文军、戴年昭：《FDI对区域产业竞争力的影响分析：以珠三角为例》，《经济视角》2010年第2期。

文小开：《广州产业升级转型之道》，《南风窗》2011年第6期。

巫晨曦：《互联网服装品牌韩都衣舍与茵曼的品牌战略比较研究》，《浙江纺织服装职业技术学院学报》2017年第2期。

吴翌琳：《珠三角地区转型升级路径的实证研究》，《调研世界》2014年第6期。

夏以群、陈利权：《日本经济转型产业升级的成功经验及对宁波的启示》，《宁波通讯》2013年第7期。

徐骏、王波：《珠江三角洲地区制造业集聚程度的实证研究》，《中国市场》2011年第19期。

徐礼伯、沈坤荣：《美国"再工业化"国内研究述评》，《现代经济探讨》2013年第7期。

许玲、许宗祥：《金融海啸下珠三角运动服装业的"危"与"机"》，《国际经贸探索》2009年第11期。

杨建伟：《新加坡的经济转型与产业升级回顾》，《城市观察》2011年第1期。

杨宁芳、颜家兵：《珠三角制造业转型升级的挑战及策略研究》，《特区经济》2011年第9期。

姚平、姜曰木：《技术创新、制度创新与资源型城市产业转型——基于生命周期的视角》，《科学管理研究》2012年第6期。

易鸣、张伟：《区际产业转移的动因分析和政府的工作定位——以广东珠三角为例》，《科技管理研究》2009年第4期。

干春晖、郑若谷、余典范：《中国产业结构变迁对经济增长和波动的影响》，《经济研究》2011年第5期。

虞锡君、熊红红：《韩国经济转型升级经验及对嘉兴的启示》，《嘉兴学院学报》2010年第2期。

张超：《河南省承接纺织服装产业转移问题研究》，硕士学位论文，河南大学，2015年。

张丹：《转型劳动密集型产业——以纺织品为例》，《中国经贸》2013年第24期。

张佩：《劳动力成本上涨与我国劳动密集型制造业转型发展研究》，硕士学位论文，兰州交通大学，2016年。

张平：《全球价值链分工与中国制造业成长》，博士学位论文，辽宁大学，2013年。

张涛：《茵曼发力O2O构建完整生态架构》，《中国商报》2016年。

张耀辉等：《中国劳动密集型产业发展战略研究》，经济科学出版社2006年版。

张永辉：《马克思国际价值理论视角下的中美贸易研究》，博士学位论文，苏州大学，2013年。

张震宇、魏立华：《转型期珠三角中小城镇产业发展态势及规划对策研究》，《城市规划学刊》2011年第4期。

赵超：《新加坡产业转型升级及其对广东的启示》，《岭南学刊》2010年第4期。

赵冬昶、苗燕民：《后金融危机时代珠三角地区产业结构升级研究》，《价格理论与实践》2009年第10期。

赵玲玲：《珠三角产业转型升级问题研究》，《学术研究》2011年第8期。

赵玲玲、高超平：《珠三角产业转移机理研究》，《特区经济》2010年第11期。

赵梦园：《西部地区发展劳动密集型产业问题研究——基于产业承接视角》，博士学位论文，兰州大学，2013年。

赵婉妤、王立国：《中国产业结构转型升级与金融支持政策——基于美国和德国的经验借鉴》，《财经问题研究》2016年第3期。

赵文善：《技术创新推动资源型城市产业转型的路径及政策研究》，《改革与战略》2015年第10期。

赵显洲：《中国农业剩余劳动力转移研究》，博士学位论文，华中科技大学，2008年。

朱灏：《韩国经济的复苏及其启示》，《亚太经济》2007年第5期。

朱淑枝：《珠江三角洲经济国际化与主导产业转型》，《珠江经济》1998年第3期。

朱晓霞、郝佳佳：《中国制造业产业升级路径选择研究——以长江经济带为例》，《科技进步与对策》2015年第7期。

朱云飞:《河北省传统产业转型升级的路径选择与战略对策》,《价值工程》2016年第22期。

庄志彬:《基于创新驱动的我国制造业转型发展研究》,博士学位论文,福建师范大学,2014年。

二 外文文献

Akamatsu Kaname, "A Theory of Unbalanced Growth in the World Economy", *Weltwirtschaftliches Archiv*, 86 (2), 1961.

Alfred D. Chandler, *Strategy and Structure: Chapters in the History of American Industrial Enterprises*, Cambridge, hlass.: MIT Press, 1962.

Antonio Avalos, "Andreas Savvides", *Review of Development Economics*, (4), 2006.

Antrs, Helpman, E., "Global Sourcing", *Journal of Political Economy*, (3), 2004.

Auld, D. A. L., "A Microeconomic Analysis of Wage Determination in the Canadian Public Sector", *Journal of Public Economics*, (3), 1980.

Brouthers K. D., Brouthers L. E., "Industrial Sector Perceived Environmental Uncertainty and Entry Mode Strategy", *Journal of Business Research*, (6), 2006.

Chris Zook, "Growth Outside the Core", *Harvard Business Review*, 2006.

Cobb C., Douglas P., "Douglas. A Theory of Production", *American Economic Review*, (18), 1928.

Contractor, Kundu, Chin-Chun, "A Three-Stage Theory of International Expansion: The Link between Multinationality and Performance in the Service Sector", *Journal of International Business Studies*, (8), 2003.

D Schiller, M. J. Burger, B Karreman, "The Functional and Sectoral Division of Labour Between Hong Kong and the Pearl River Delta: from Complementarities in Production to Competition in Producer Services", *Environment and Planning A*, (1), 2015.

Dallas, "Competitive Strategies and Performance in the European Union High-tech Industries: An Empirical Study", *The Third International Conference on Management of Innovation and Technology*, (4), 2002.

David Neurmark, William Wascher, "The Effects of Minimum Wages on Teenage Employment and Enrollment: Evidence from Matched CPS Surveys", *NBER Working Paper*, (3), 2013.

Dunning, *Explaining International Production*, London: UnwinHyman, 1988.

E. Helpman, P. R. Krugman, "Market Structure and Foreign Trade: Increasing Returns, Imperfect Competition, and the International Economy", 1985.

Evans J., Mavondo F. T., "Psychic Distance and Organizational Performance: An Empirical Examination of International Retailing", *Journal of International Business Studies*, (3), 2002.

F. Butollo, "Moving Beyond Cheap Labour, Industrial and Social Upgrading in the Garment and LED Industries of the Pearl River Delta", *Journal of Current Chinese Affairs-China aktuell*, (4), 2014.

Fujita M., Thisse J. F., "Economics of Agglomeration", *Journal of the Japanese and International Economics*, (1), 1996.

Gary Gereffi, "International Trade and Industrial Upgrading in the Apparel Commodity Chain", *Journal of International Economics*, 1999.

Grossman G., Szeidl, "Optimal Intergration Strategies for the Multinational Firm", *Journal of International Economics*, (70), 2006.

Hanson G., "Regional Adjustment to Trade Liberalization", *Regional Science Urban Economics*, (4), 1998.

Humphrey, Schmitz, "Governance and Upgrading: Linking Lndustrial Cluster and Globalvalue Chain Research", Brighton: *Institute of Development Studies*, 2000.

Igor Ansoff, *Corporate Strategy: Business Policy for Growth and Expansion*,

McGraw-Hill, 1965.

Igor Ansoff R. P. Declerck, R. L. Hayes, "From Strategic Planning to Strategic Management", *International Conference*, 1976.

James Harrigan, Haiyan Deng, "China's Local Comparative Advantage", *NBER Working*, 2008.

Jun Zhang, Xiaofeng Liu, "The Evolving Pattern of the Wage-labor Productivity Nexus in China: Evidence from Manufacturing Firm-level Data", *Economic Systems*, (3), 2013.

Kallal H., "Growth in Cities", *Journal of Political Economy*, (100), 1992.

KP Hartmann, "Workplace Quality and Labour Turnover in the Electronics industry of the Pearl River Delta, China", *Zeitschrift Für Wirtschaftsgeographie*, (1), 2012.

L Li, "Chinese Migrant Workers and Occupational Injuries: A Case Study of the Manufacturing Industry in the Pearl River Delta", *Journal of Applied Developmental Psychology*, (4), 2014.

Lexington, "Technology Management and Competitiveness: Is the any Relationship", *The Third International Conference on Management of Innovation and Technology*, (9), 2002.

LH Wei, "Analysis of Industry Upgrading Promotion in Manufacturing in the Pearl River Delta by Turning Crisis into Opportunity", *Journal of Guangzhou City Polytechnic*, (8), 2009.

LH Wei, "Study on Upgrade Industries under the Financial Crisis in Pearl River Delta", *Commercial Research*, (2), 2009.

Martin R., Sunley P., "Deconstructing Clusters: Chaotic Concept or Policy Panacea", *Journal of Economic Geography*, (1), 2003.

Masaaki Kotabe, K., Scott Swan, "The Role of Strategic Alliances in High-technology New Product Development", *Strategic Management Journal*, (1), 2007.

参考文献

Matthias Busse, "Do Labor Standards Affect Comparative Advantage? Evidence for Labor-intensive Goods, Center for International Economic Studies", *Discussion*, (7), 2001.

Melitz, "The Impact of Trade on Intra-Industry Reallocations and a Industry Productivity", *Econometrica*, (6), 2003.

Michael E. Porter, "The Competitive Advantage of Nations", *Harvard Business Review*, 1990.

Michael Porter M., "Conditions of the Formation of High-Tech Industries Clusters", *The Third International Conference on Management of Innovation and Technology*, (23), 2002.

Ohlin, B., *Interregional and International Trade*, Cambridge MA: Harvard University Press, 1968.

Paul Krugman, "Growing World Trade: Causes and Consequences", *Brooking Papers on Economics Activity*, (25), 1995.

QF Ao, "Analysis the Transformation and Upgrading Path of the Ports in Pearl River Delta", *Applied Mechanics & Materials*, (3), 2014.

Raymond Vermon, "International Investment And International Trade in the Product Cycle", *The Quarterly Journal of Economics*, (2), 1996.

S. Zhu, R. Yang, "Comparative Study on Foreign Trade Development Patterns of the Yangtze River Delta and the Pearl River Delta", *Frontiers of Economics in China*, (2), 2009.

Stephen S. Golub, "South Africa's International Cost Competitiveness", *Trade And Industrial Policy Secretariat Working Paper*, (14), 2000.

Thompson J. H., "Some the oretical Considerations for Manufacturing Geography", *Economic Geography*, (4), 1986.

T. Y. Eng, "Manufacture Upgrade and Interfirm Relationship Development: the Case of Electronics Firms in the Pearl River Delta", *Asia Pacific Business Review*, (4), 2009.

Wei Zhao, "From Industrial Policy to Upgrading Strategy: Dilemma of Local Developmental State in China's Pearl River Delta", *China Economic Policy Review*, (01), 2015.

X. Chen, "A Tale of Two Regions: Rapid Economic Development and Slow Industrial Upgrading in the Pearl River and Yangtze River Deltas", *International Journal of Comparative Sociology*, (3), 2007.

X. R. Li, "Economic Analysis of the Pearl River Delta's 'Labor Shortage'", *Asian Business Review*, (2), 2014.

X. X. Huang, F. Deng, B. S. Zou, "Studies on the Shipping Security of Upgrading of the Pearl River Delta Ports", *Journal of Guangzhou Maritime College*, (3), 2010.

Y. Lin, "Urban Transformation and Institutional Policies: Case Study of Mega-Region Development in China's Pearl River Delta", *Journal of Urban Planning & Development*, (4), 2013.

Z. H. Wang, X. M. Chen, "Talent Structure, Liquidity and Development of Transformation and Upgrading Small and Medium-sized Enterprise in the Pearl River Delta", *Economic Management Journal*, 5 (3), 2016.